恐龍化石產地（加拿大）　　　P.10

©Elena Elisseeva／
Shutterstock.com

何謂自然遺產？

　　自然遺產〔是……〕地球或生物生成的
地形與〔……〕棲息地等自然環〔……〕疊層石」（⇨p.8）、〔……〕鯨魚谷」（⇨p.12）

〔……〕疊層石（澳大利亞）　　P.08

©Rob Bayer／Shutterstock.com

何謂複合遺產？

　　複合遺產是指具有文化遺產和自然遺產兩
種價值，書中提到的「馬丘比丘」（⇨p.166）、
「卡帕多奇亞」（⇨p.84）就屬於複合遺產。

馬丘比丘（祕魯）　　　P.166

©Pyty／Shutterstock.com

卡帕多奇亞（土耳其）　　P.84

©Gerardo Lazzari from São Paulo, Brasil／Wikimedia Commons

本書提供協助的諸先進

監修
NPO法人
世界遺產Academy

裝訂、內文設計
修水

內文插畫
梅田紀代志／Hayuma（小澤典子／小島響／近藤哲生）

執筆
安部直文／生田安志／石原弘司／Hayuma（井澤和廣、戶松大洋）

編輯協助
Hayuma
（原口結／井澤和廣／大場實乃梨／田所穗乃香／近藤哲生／戶松大洋）

校正
粕谷佳美／治田武士

編輯人員（學研PLUS）
渡邊雅典

提供照片協助
123RF／Dreamstime／PPS通訊社／Shutterstock／TNM Image Archives／UNESCO
愛知縣立藝術大學／飛鳥園／伊豆國市教育委員會／一般社團法人廣島縣觀光聯盟
嚴島神社 文化課／清水寺／宮內廳／國立科學博物館／時事通信PHOTO／首里城公園
土耳其共和國大使館 文化廣報參事官室／獨立行政法人 造幣局／長崎市／原美術館／平等院
廣島和平紀念資料館／文化廳／法隆寺／「明治日本產業革命遺產」世界遺產協議會事務局
達志影像／Wikimedia Commons

NEW 全彩漫畫
世界 歷史 別冊
World History

:: 監修
NPO法人
世界遺產 Academy

:: 翻譯
郭子菱

:: 審訂
成功大學歷史學系 專任教授
翁嘉聲

世界遺產學習事典

目 次

CONTENTS

6章 中世紀西歐世界的形成與伊斯蘭世界的擴張

約8～12世紀 ·············· 98

7章 十字軍與東西貿易

約12～14世紀 ·············· 116

8章 文藝復興與宗教改革

約14～16世紀① ·············· 138

9章 鄂圖曼帝國與大航海時代

約14～16世紀② ·············· 150

閱讀與使用方法

全書依照年代區分章節，並按年代順序說明世界遺產，特別是與《NEW全彩漫畫世界歷史》全12卷內容相關者。此外，也可以從各章節開頭的索引地圖或卷末索引查詢欲詳閱的世界遺產。

頁面設計與使用方法

▼ 各章節一開始的章名頁

❶年代

以數個世紀為單位，將人類誕生至現代分成十三章。例如，「約4～6世紀」指的是大約西元301～600年；西元前的年代，則以「前○世紀」的方式呈現。只有第一章是「史前時代」。

❷章節標題 該章的標題。

❸章節說明／❹年表

該章的大略說明與主要大事件年表，藉以掌握該時代脈絡。

❺索引地圖

利用世界地圖呈現該章中提到的世界遺產地點，數字為頁碼。

▼ 各項目的解說頁面

❻遺產名稱

採用《NEW全彩漫畫世界歷史》中的名稱。登錄於聯合國教育、科學與文化組織（UNESCO）世界遺產名錄上的全名，則列於❼資訊欄中。

❼資訊

列出登錄於UNESCO世界遺產名錄上的全名、所在國家與登錄年分。此外，與該遺產相關的人物，則列於「主要相關人物」欄位。

❽用語解說

為讓讀者更容易理解本文內容，部分詞彙會添加＊記號，在頁面中附上注解。

❾專欄

介紹與該篇世界遺產相關的其他世界遺產、重要遺蹟等。

◀ 專欄頁面▶

部分章節最後會附上專欄，介紹深受海外影響的日本世界遺產，以及包括日本與各國之間相互交流所留下的世界遺產等。

人類的誕生與遷徙

　　沒有文字紀錄的時代，稱為「史前時代」。現在我們會用科學方法調查岩石、化石、遺蹟和古物，藉此推定年代。大約700萬年前，人類從靈長目祖先逐漸演化成原始人類，經過很長一段時間後，學會用火、石器等道具。人類經由火和道具增強力量，遷徙至全世界，開始在各地進行農耕、畜牧，而人口的增加也促使文明誕生。

©Donsimon／Shutterstock.com

巨石陣

英國　　　　P.22

周口店北京原人遺址

中國　　　　P.18

拉斯科洞窟壁畫

法國　　　　P.20

鯨魚谷

埃及　　　　P.12

南非人類搖籃遺址

南非　　　　P.16

桑吉蘭早期人類遺址

印尼　　　　P.19

阿法南猿發現地

衣索比亞　　P.14

約46億年前	太陽系生成，地球誕生。
約40～35億年前	地球最初的生命誕生於海洋中。
約2億5100萬年前	恐龍出現於中生代，開始大量繁殖。但約6600萬年前，因生物大量滅絕事件而消失。
約700萬年前	非洲大陸出現猿人（分成黑猩猩等類人猿與人類祖先）。
約240萬年前	非洲大陸出現原人。
約180萬年前	原人中的「直立人」出現，從非洲大陸遷徙至歐亞大陸各地。
約35萬年前	尼安德塔人出現，遷徙至歐洲、西亞。
約20萬年前	非洲大陸出現新人，和現代人一樣，屬於智人。
約4萬年前	尼安德塔人完全絕種，新人遷徙至全世界。
約1萬年前	西亞開始栽培小麥（農耕），飼養山羊、綿羊、牛等家畜（畜牧）。

©Elena Elisseeva／Shutterstock.com

恐龍化石產地
加拿大　　　P.10

哈梅林池叠層石
澳大利亞　　P.08

©Rob Bayer／Shutterstock.com

產生氧氣的原始生物

哈梅林池叠層石

●**產生氧氣的疊層石**

　　鯊魚灣位於澳大利亞西部，西澳中央地區的海岸。

　　由於地球漫長歷史上最初的生物——疊層石至今仍群生在此地，使鯊魚灣非常知名。疊層石是一種「指準化石」（可以用來比對地層年代），由約27億年前存在的藍綠

■ 遺產名稱：鯊魚灣
■ 所在國家：澳大利亞
■ 登錄年分：1991年
■ 主要相關人物：無

資訊

世界各地有很多疊層石化石，除了鯊魚灣之外，極少數地方能夠看到它活著的狀態。

●人類無法干預的大自然

此外，鯊魚灣還棲息許多鳥類和魚類，就像一處生命寶庫，也是世界上最大的海草、海藻生長地。因此這裡居住了一萬隻以上食用海草的儒艮。

鯊魚灣周圍的陸地是荒蕪乾燥地帶，人類很難生存，所以這片大自然才能保留下來。

藻遺骸和沙等堆積物堆疊而成。藍綠藻又稱藍菌、藍綠菌，是一種單細胞生物，能行光合作用，在地球上產生大量的氧氣。

©Rob Bayer／Shutterstock.com

©Juraj Kovac／Shutterstock.com

疊層石化石
堆積物疊成好幾層，呈現條紋狀。

疊層石
藍綠藻生長在圓頂狀的疊層石表面。

白堊紀後期的恐龍樂園

恐龍化石產地

●龐大的恐龍化石產地

省立恐龍公園位於加拿大亞伯達省東南部的紅鹿河流域，是一座自然公園。西元1884年，考古學家約瑟夫・伯爾・泰瑞爾在此地發現肉食性恐龍的頭蓋骨化石，一舉成名。

此地原本一片荒蕪，因冰河時期[*1]的融冰流水侵蝕地面岩石，使白堊紀[*2]的地層整片裸露出來，連樹木也無法生長，故被稱為「荒原惡地」。

受冰河及河川侵蝕而成的岩壁地形

©Elena Elisseeva／Shutterstock.com

■遺產名稱：省立恐龍公園
■所在國家：加拿大
■登錄年分：1979年
■主要相關人物：無

資訊

怕的蜥蜴，現在則專指恐龍。

●群居生活的恐龍

省立恐龍公園內發現的化石，包括肉食性恐龍之王暴龍、三角龍等大型恐龍化石，以及兩棲類、爬蟲類、哺乳類、魚類和植物化石，另外還曾出土恐龍蛋和巢穴的化石，讓我們了解過去認為是單獨行動的恐龍，其實過著群體生活。

繼最初的發現之後，此地陸續找到三十七種以上的恐龍化石。由於這是世界上最龐大的恐龍化石層，西元1955年加拿大政府將這一帶設立為省立公園。恐龍的英文dinosaur源自希臘語，意指令人害

亞伯達龍的頭蓋骨化石

©PPS通信社

＊1 指地球被大型冰蓋覆蓋整個大陸的時代。其中，極為寒冷且冰蓋遼闊的時期稱為「冰期」；相對的，比較溫暖的時期稱為「間冰期」。現今就屬於極地有冰蓋的間冰期。

＊2 約1億4500萬～6600萬年前。省立恐龍公園可以看到約7700萬～7500萬年前白堊紀末期的地層。

沙漠中發現鯨魚化石！？

鯨魚谷

資訊

■ 遺產名稱：鯨魚谷
■ 所在國家：埃及
■ 登錄年分：2005年
■ 主要相關人物：無

●過去是海洋的沙漠地區

位於埃及首都開羅西南方約150公里，是以「鯨魚谷」知名的沙漠地區。阿拉伯語音譯為「瓦地阿爾希坦」（Wadi Al-Hitan），意指「鯨魚之谷」。埃及沙漠裡有鯨魚？大家一定覺得很不可思議！不過，距今約4000萬年前，這一帶卻是海洋，名為龍王鯨的遠古鯨魚等生物便棲息在此處。

約西元20世紀初，英國地質學家在當地發現鯨魚祖先的化石，受到矚目。第二次世界大戰後，美國的大學研究專家從化石中發現，鯨魚後半身是處於退化狀態，由此得知遠古鯨魚有後肢，以及海洋哺乳類動物是從陸地哺乳類演化而來的線索。

●如海蛇般的龍王鯨

龍王鯨全長約18～20公尺，體型細長，與現代鯨魚差異很大。相較於鯨魚，其身形較接近海蛇，根據推測，應是利用扭動身體的方式來游泳。

除了鯨魚之外，鯨魚谷還發現鯊魚牙齒、貝類、紅樹林等不同物種的遠古生物化石。

龍王鯨想像圖

©PPS通信社

出土的鯨魚化石
一般認為是遠古鯨魚的祖先。

人類演化的源頭

阿法南猿發現地

●令人驚訝的發現

自西元1973年起,人們開始在衣索比亞東北部的阿瓦什河下游河谷地區挖掘史前時代的人類化石。這個地區是位於非洲東部向南北延伸的「東非大裂谷」的一部分,火山活動與地殼變動頻繁發生。過去的生物在火山灰覆蓋下完整保存下來,一旦形成山、谷或高原等地形,該地的動植物化石便有機會流入低谷,成為堆積物。

西元1974年進行一項國際計畫時,阿瓦什河谷發現了四十具人類骨頭化石,是生存於大約350萬

■ 遺產名稱：阿瓦什河谷
■ 所在國家：衣索比亞
■ 登錄年分：1980年
■ 主要相關人物：無

資訊

年前的人類遺留物，被命名為「阿法南方古猿（阿法南猿）」。其中，備受矚目的是一名女性化石，當時總共發現了約占全身骨骼40%的骨頭。阿法南猿被視為現代人類的祖先，成為人類歷史研究上的重大發現。

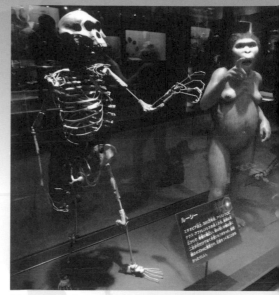

展示於日本東京國立科學博物館的露西骨骼和修復模型 ©Momotarou2012／Wikimedia Commons

●命名為「露西」

　　該名女性化石被命名為「露西」，身高約1公尺，體重約30公斤，身形非常嬌小。從骨盆和腳部骨頭的狀態來看，可以確認她用雙腳直立行走，但是沒辦法走太長的距離。

　　據說，「露西」這個名字來自當時流行的英國搖滾樂團披頭四的主打歌《露西戴著鑽石在天空》。

衣索比亞境內的阿瓦什河

©Alberto Loyo／Shutterstock.com

從猿人到原人

南非人類搖籃遺址

●人類祖先的化石

西元1924年，南非共和國中部地區發現了人類祖先「南方古猿」（意思是「非洲南方的猴子」）的化石。南非人類學家雷蒙・達特在科學雜誌上發表此事，根據發現地「湯恩」（Taung）之名，將化石命名為「湯恩幼兒」（Taung Child），但當時並未引起科學家的關注。

斯泰克方丹挖掘地　發現許多南方古猿的化石。

©PPS通信社

資訊	■ 遺產名稱：南非人類化石遺址
	■ 所在國家：南非
	■ 登錄年分：1999年
	■ 主要相關人物：無

達特退休後，古生物學家羅伯特·布魯姆等人的研究團隊持續進行研究調查，西元1947年在約翰尼斯堡近郊的斯泰克方丹石窟內發現人類化石。這個近乎完整的南方古猿頭蓋骨，被命名為「普萊斯夫人」，據推測是200～300萬年前的化石。

● 記錄人類演化的場所

此外，南非東北部的挖掘地附近也有多個遺址，範圍相當廣闊。該地出土了介於猿人與原人之間的「巧人」化石、屬於原人的直立人居住遺址、180萬～100萬年前使用火的遺蹟等，因此斯泰克方丹、斯瓦特科蘭斯、科羅姆德拉伊和維羅恩斯等地的南非人類化石遺址，又被稱為「人類搖籃」遺址。

©PPS通信社

普萊斯夫人的復原圖

©PPS通信社

普萊斯夫人的頭蓋骨化石

東亞最大的舊石器時代遺蹟

周口店北京原人遺址

●東亞發現的原始人

西元1923年，中國北京西南方約50公里處的房山區周口店某洞窟中，發現了被認為是人類牙齒的化石；接著，西元1929年當地再度發現被認為是人類且形狀近乎完整的頭蓋骨。根據調查結果，這個頭蓋骨是一個約50～30萬年前的原人遺留物，因此被命名為「北京原人」。由於當地是採集中藥原料「龍骨*1」的地區，挖掘活動相當盛行。周口店遺蹟的中心地區為龍骨山，有多個石灰岩形成的洞窟。

之後，學者陸續在這些洞窟裡挖掘出約四十具北京原人化石，以及石器、骨頭製成的道具、使用火維生的遺蹟等，總計約二十萬項。透過這些發現，我們可以了解北京

周口店龍骨山周邊
北京原人化石的發現地。

©PPS通信社

*1 古代大型哺乳動物如大象、犀牛、馬等的化石，也有一些是恐龍化石。

	■ 遺產名稱：周口店北京原人遺址
資訊	■ 所在國家：中國
	■ 登錄年分：1987年
	■ 主要相關人物：無

北京原人的
頭蓋骨

原人為直立人，利用兩腳步行，會
使用火和道具，過著群體生活。

©PPS通信社

●原人化石的一大產地

在人類演化史上，科學家曾認
為北京原人與現代人有關，然而根
據近年來的DNA[*2]等研究，卻發
現事實並非如此。在周口店遺蹟當
中，還出土了比北京原人更進一步
演化形成的新人（即和現代人類一
樣同屬「智人」）──「山頂洞
人」化石，其生活在約1萬9000年

山頂洞人的頭蓋骨

前。這些重大發現使周口店遺蹟成
為目前東亞規模最大的舊石器時代
遺址。

*2 全名「去氧核糖核酸」，位於細胞核內，是攜帶遺傳訊息的重要物質。

爪哇原人與弗洛勒斯人

東南亞也有原人化石出土。西
元1891年，當時為荷蘭殖民地的印
尼爪哇島上，發現了原人化石，該
原人以出土島嶼之名被命名為「爪
哇原人」。

西元2003年，人們進一步在
同為印尼所屬的弗洛勒斯島上發現
小型原人化石，稱之「弗洛勒斯
人」。他們從爪哇原人演化而來，
身高約1公尺，身形矮小，生活在1
萬數千年前。

©PPS通信社

爪哇原人的復原模型

爪哇原人以發現地「桑吉蘭早期人
類遺址」之名，在西元1996年登錄
於世界遺產名錄中。

19

克羅馬儂人留下的藝術

拉斯科洞窟壁畫

●描繪動物身軀的壁畫

位於法國西南部多爾多涅省蒙特涅克村的韋澤爾河谷,留下許多舊石器時代的遺址與洞窟[*1],而在這眾多遺蹟中最特殊的,非拉斯科洞窟壁畫莫屬。

西元1940年發現的拉斯科洞窟[*2]裡,除了畫有將近6公尺大的牛以外,還包括馬、山羊、鹿等一百隻動物以上,個個色彩鮮豔且栩栩如生。這些壁畫不是單純的圖形,而是巧妙以木炭、彩色土壤和

畫在洞窟內的野牛

■ 遺產名稱：韋澤爾河谷的史前
　　　　　　遺蹟與裝飾洞穴群
■ 所在國家：法國
■ 登錄年分：1979年
■ 主要相關人物：無

資訊

韋澤爾河谷的景色 　　　　　©PPS通信社

研磨石頭得到的石粉等作為顏料，畫在岩石表面上，連細微的部分都有描繪，其歷史價值與藝術價值都得到高度評價。

●舉行儀式的克羅馬儂人

　　人類的演化歷史從猿人、原人、舊人依序而來，緊接其後的新人「克羅馬儂人」在約1萬7000年前留下這些壁畫。研究認為，他們是為了進行讓狩獵成功的儀式和祈禱才作畫。此外，當地也發現許多他們的生活道具，開挖出克羅馬儂人骨頭的「克羅馬儂岩棚」（克羅馬儂洞窟）也在附近。

壁畫複製品繪者 　　　　　©PPS通信社
為了保護洞窟，拉斯科洞窟不對外開放，但約200公尺外的地方，法國政府複製了洞窟壁畫。

＊1 距離這一帶30～40公里的範圍內有許多發現，例如一百四十七個史前時代部落、二十五個繪有壁畫
　　的洞窟，以及石器、骨角器、動物化石等。
＊2 當地四名少年在尋找愛犬時，偶然發現洞窟內的大型壁畫。

充滿謎團的巨石群

巨石陣

資訊

■ 遺產名稱：巨石陣、埃夫伯里
　　　　　　及相關遺址
■ 所在國家：英國
■ 登錄年分：1986年
■ 主要相關人物：無

● 兩千年才能修建形成的遺蹟

　　由好幾個巨石在草原上環狀排列而成的巨石陣，是座落於英國的世界遺產之一，位於英國南部索爾茲伯里市近郊。

　　列入世界遺產名錄中的包括巨石陣、其周圍相關遺址，以及大約30公里外的埃夫伯里巨石遺址。

　　提到巨石陣，一般最先想到的就是被稱為「環狀列石（石環）」的巨大石柱，以環狀方式排列；除此之外，其外側還有同心圓狀的土坑和溝渠。這些結構約經過兩千年才形成，修建時代大致可以分成三階段。

● 至今仍留下各種謎團

　　第一階段大約在西元前3100～前2200年時，首先修建了直徑約100公尺的外圈部分；約自西元前2100年起為第二階段，出現三十個以圓形方式排列的「立石」；約西元前2000年起為第三階段，則修建了直徑約30公尺的環狀列石「三石塔」。

　　巨石陣使用的是薩爾森石（砂岩）和名為藍砂岩巨石的藍色石頭。薩爾森石可以在附近取得，但藍砂岩巨石則出產在距離200公里外的威爾斯。

　　一般認為巨石陣是用來舉行祭

巨石陣

©SherSS／Shutterstock.com

推測巨石搬運的方法
學者提出在石頭下方放置原木搬運巨石的可能性，只是至今沒有確切答案。

祀和喪事的場所，但其修建目的和
功能至今尚未確定；其次，藍砂岩
巨石如何開採、搬運至當地等問
題，也是謎團。

　　另一方面，埃夫伯里巨石遺址
的範圍更大，外圍約1.3公里，總
共有一百支立石，大約是西元前
3000年開始修建的結構。

從正上方俯視巨石陣　　©PPS通信社

©Donsimon／
Shutterstock.com

古文明的誕生

2章

約前30～前10世紀

　　透過農耕和畜牧，糧食穩定生產，非從事生產糧食的商人、工人、神官也開始增加。不久，人們集結到交易活絡的地方和宗教中心地，發展為「城邦國家」。由於人口集中，製造青銅器等新技術和文字廣為流傳，各地發展出許多文明，如美索不達米亞文明、埃及文明、印度河流域文明和中國文明等。

特洛伊遺址
土耳其　　P.36

哈圖沙
土耳其　　P.34

恰高・占比爾
伊朗　　P.28

蘇薩
伊朗　　P.26

邁錫尼和梯林斯考古遺址
希臘　　P.37

金字塔
埃及　　P.30

古城底比斯及其墓地遺址
埃及　　P.33

阿布辛貝神殿
埃及　　P.32

©Lisa S.／Shutterstock.com

約前3000年	上埃及征服下埃及，埃及建立統一王朝。
約前3000年	蘇美文明誕生。
約前2600年	印度河流域文明誕生。
約前24世紀	薩爾貢一世率領阿卡德人建立美索不達米亞第一個統一國家。
前18世紀	漢摩拉比王統一全美索不達米亞，制定了《漢摩拉比法典》。
約前16世紀	目前可證實的中國最古老王朝「商朝」（亦稱「殷商」）建立。
前13世紀	埃及新王國法老王拉美西斯二世與西臺王國交戰於卡疊石，後來雙方以文書形式締結和平條約。
前11世紀	希伯來人（以色列人）在巴勒斯坦建立希伯來王國。

殷墟

中國   P.40

©beibaoke／Shutterstock.com

摩亨卓達羅

巴基斯坦   P.38

©suronin／Shutterstock.com

從埃蘭王國首都到阿契美尼德波斯帝國的行政首都

蘇薩

●「御道」的起點

蘇薩是位於伊朗西南部札格洛斯山脈山麓地區的古都遺址。西元前6世紀，該城為阿契美尼德波斯帝國第三代國王大流士一世時代的行政首都，也是政治中心。大流士一世在連接蘇薩至安那托利亞（小亞細亞）的薩第斯之間，修建了一條名為「王之道」（亦稱「御道」、「波斯御道」）的道路，以其為中心整頓國內道路系統、設置驛站，加速軍隊移動、情報傳遞與貨物運送。

之後，大流士一世興建了新首

©Matyas Rehak／Shutterstock.com

蘇薩的城市遺址

自西元前5世紀後期至西元13世紀的遺蹟，反覆在蘇薩這片土地上堆疊著，因此挖掘出各種時代的建築物、居所和宮殿遺址。

■遺產名稱：蘇薩
■所在國家：伊朗
■登錄年分：2015年
■主要相關人物：大流士一世

資訊

都波斯波利斯（⇨p.46）。不過，後世認為當時實質上的政治中心仍為蘇薩，以及位於伊朗中西部曾是米底亞首都的埃克巴坦那與巴比倫。

●自古繁榮的城市

蘇薩這座城市約興建於西元前4000年，比阿契美尼德波斯帝國還要古老，曾是建立不亞於美索不達米亞文明，並且延續至西元前7世紀的埃蘭王國的首都。

約西元1902年，刻著《漢摩拉比法典》的石柱在蘇薩被人發現。這是約西元前12世紀埃蘭國王從巴比倫手中奪得的戰利品，後來運送到此地。

阿契美尼德波斯帝國滅亡後，蘇薩依然是貿易繁榮的重要商業城市，即使後來由薩珊波斯帝國及伊斯蘭勢力統治，城市依然存在。最後蘇薩遭到蒙古帝國破壞，消失於歷史舞臺。

刻著《漢摩拉比法典》的石柱

西元前18世紀，巴比倫第一王朝（古巴比倫王國）漢摩拉比王所建造的黑色岩石石柱，高度約225公分。上半部左側站著的是漢摩拉比王，坐在右側的是太陽神沙瑪什。上頭以楔形文字刻著阿卡德語的《漢摩拉比法典》。

©jsp／Shutterstock.com

埃蘭王國的神聖城市

恰高‧占比爾

●伊朗第一個世界遺產

西元1979年，恰高‧占比爾（或譯喬高‧桑比爾）成為伊朗第一個登錄於世界文化遺產名錄中的古代遺蹟。其位於伊朗西南部胡齊斯坦省的荒野上，在蘇薩 (⇨p.26) 以南，西元1935年調查油田時被發現，據說約為西元前13世紀由埃蘭王國的國王所建。

●雄偉的金字形神塔

恰高‧占比爾分成三層區域，

位於遺蹟中心地區的金字形神塔
為可證實的金字形神塔中規模最大者。對埃蘭人而言，此處為聖地。推測金字形神塔原來有五層。

©Matyas Rehak／Shutterstock.com

<table>
<tr><td rowspan="4">資訊</td></tr>
</table>

■遺產名稱：恰高・占比爾
■所在國家：伊朗
■登錄年分：1979年
■主要相關人物：無

最內部的中央區域有著如階梯狀的金字塔建築，稱為「金字形神塔（聖塔）」，高度大約25公尺，但幾乎一半以上已經崩塌。金字形神塔裡有一個神殿，用來祭祀埃蘭王國首都蘇薩的保護神「印舒希納

©PPS通信社

覆蓋在金字形神塔外的磚塊
部分磚塊上刻有楔形文字。

克」（或譯因蘇斯納克）。

　　而在金字形神塔外側，有國王陵墓和王宮等。此地曾是用來祈求埃蘭王國安寧、守護蘇薩的聖地。

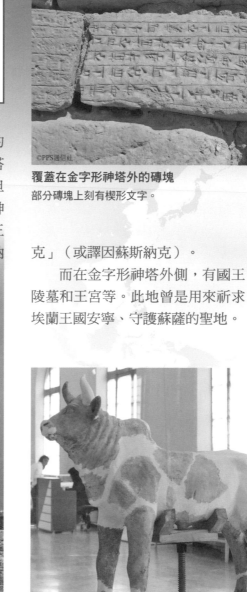

©PPS通信社

展示於伊朗考古學博物館的出土文物
恰高・占比爾出土的精巧公牛像。

古埃及建造的巨大建築物

金字塔

資訊

- ■遺產名稱：孟菲斯及其墓地——從吉薩到達休爾的金字塔群
- ■所在國家：埃及
- ■登錄年分：1979年
- ■主要相關人物：胡夫王、卡夫拉王、孟卡拉王

●古王國時期建造的金字塔

提到埃及，大家第一個想到的就是金字塔，而尼羅河西岸的整個金字塔地區，也被列入世界遺產名錄中。

©davidemontalenti／123RF

左塞爾王的階梯金字塔

金字塔建造於西元前27～前22世紀的埃及古王國時期。目前考古學家認為第一座金字塔是由古王國第三王朝的左塞爾王，建造於開羅郊外的塞加拉，因具有整體為長方形、側面為階梯狀的特徵，故被稱為「階梯金字塔」。

登錄於世界遺產名錄中的金字塔地區，除了埃及王國中心地孟菲斯、塞加拉之外，還包括吉薩與達休爾等地。

斯芬克斯與三大金字塔
左起分別為孟卡拉王、卡夫拉王、胡夫王金字塔，附近有巨大的斯芬克斯雕像。
獅身人面的斯芬克斯為神殿、陵墓的守護神。

●鼎盛時期建造的三大金字塔

　　金字塔中特別有名的是吉薩三大金字塔。三個大型金字塔並排而立，分別由胡夫王、卡夫拉王和孟卡拉王所建。此時也是埃及王國鼎盛時期，金字塔非常巨大，最大的胡夫王金字塔底部為單邊約230公尺的正方形，完成時的高度約有147公尺。

　　金字塔利用大型石塊堆積而成，估計胡夫王金字塔約使用了兩百三十萬塊，每塊重達2.5噸。

●大型金字塔的終結

　　金字塔的原型為四方形墓葬建築物，因此金字塔被認為是古王國時期法老王的陵墓。只是大型金字塔太過顯眼，時常遭盜墓，再加上

人們對於金字塔的想法改變，因此後來在新王國時期，尼羅河西岸岩山上興建了「帝王谷」，作為法老王的長眠之地。

●金字塔之謎

　　金字塔如何建造，至今依然是謎。以前我們曾認為是法老王命令奴隸進行殘酷勞動所建，然而根據後來的研究，這個推論遭到否決。學者發現法老王是集結一般農民來建造金字塔，並非奴隸，而且還會給予農民麵包、啤酒等酬勞。金字塔周圍有許多工人、工匠及其家人居住的村落遺址，因此有一說認為，這是農民休耕時救濟貧困農民的一種公共事業；也有學者認為，金字塔的建造代表當時存在具有專門知識和技能的技術人員。

斯芬克斯
據說按照卡夫拉王的長相所建。

催生世界遺產公約的古埃及大型建築物

阿布辛貝神殿

●促成世界遺產公約通過的關鍵

為將具有普世價值的遺址、建築物、自然整合成人類共同遺產，西元1972年，聯合國教科文組織在大會中決議通過《世界文化遺產暨自然遺產保護公約》（簡稱「世界遺產公約」）。而促成此事的關鍵，就是埃及努比亞文物遺址的危機。「努比亞」指的是埃及南部至蘇丹北部地區，這裡座落著阿布辛貝神殿、菲萊神殿、卡拉布薩神殿等遺址。

西元1960年，為了處理尼羅河氾濫與水力發電問題，埃及南部開始興建亞斯文水壩。聯合國教科文組織得知這些神殿將會因為工程被淹沒，就在埃及政府的請求下向世界各國訴求保護遺蹟，並與埃及政府合作，於西元1964年起進行神殿搬遷作業。

阿布辛貝神殿被分割成小磚塊，搬移至附近的高地。世界遺產公約也因此工程而產生，拓展至全世界。

阿布辛貝神殿入口
位於亞斯文水壩貯水池（納瑟湖）的河畔旁，入口有四座拉美西斯二世的雕像。
©Paul Vinten／Shutterstock.com

<table>
<tr><td rowspan="4">資訊</td></tr>
</table>

資訊

■ 遺產名稱：阿布辛貝至菲萊的
　努比亞文物遺址
■ 所在國家：埃及
■ 登錄年分：1979年
■ 主要相關人物：拉美西斯二世

菲萊島的菲萊神殿
供奉古埃及女神伊西斯的神聖之地，故又稱為
「伊西斯神殿」，此處林立著許多神殿。

●拉美西斯二世建造的神殿

　　努比亞遺址的中心是阿布辛貝神殿，約在西元前1260年由新王國時期第十九王朝第三代國王拉美西斯二世所建造，該處共有國王與太陽神阿蒙的大神殿，以及王后妮菲塔莉和哈托爾女神的小神殿兩座，是利用挖掘岩山建造而成的岩窟神殿。

　　大神殿入口有四座拉美西斯二世本人的坐像，高度約22公尺，相當巨大。此外，神殿內部的牆壁上畫有與西臺進行卡疊石戰役 (⇨p.35)

時的拉美西斯二世。

●避免淹沒而遷移的其他神殿

　　除了阿布辛貝神殿之外，尼羅河的菲萊島上也有西元前4～前3世紀建造的菲萊神殿，為了避免神殿因水壩建築工程淹沒，因此拆遷至尼羅河的阿基奇亞島上，後來神殿原址坐落的島嶼便改名為菲萊島。

古城底比斯及其墓地遺址

　　古埃及漫長的歷史裡，曾出現多個王朝。其中，距離首都開羅南方約670公里處的底比斯雖然曾經沒落，但在中王國至新王國時期將近一千年間，卻是非常繁榮的首都。底比斯位於現今盧克索，在尼羅河沿岸可以看見大量遺址，東岸有盧克索及卡奈克神殿等遺蹟；西岸則有圖坦卡門等法老王陵墓的帝王谷、王后谷、拉美西斯三世及哈特謝普蘇特女王的葬祭殿（舉辦葬禮及禮拜的祭殿）等。

圖坦卡門的黃金面具與帝王谷
帝王谷發現六十座以上的陵墓。

使用鐵器的西臺人首都

哈圖沙

資訊

- 遺產名稱：西臺首都哈圖沙
- 所在國家：土耳其
- 登錄年分：1986年
- 主要相關人物：穆瓦塔里二世

●古代近東的強國

西臺是西元前17～前13世紀繁榮於安那托利亞的王國。

在古代近東地區，西臺能夠與埃及、巴比倫並稱強國。

西臺是世界上第一個使用鐵器的國家，運用鐵製武器和馬匹拖拉戰車，征服周遭各國。

●城堡型首都

西臺首都哈圖沙位於現今土耳其首都安卡拉東方約200公里處，在安那托利亞高原上的博阿茲卡萊附近。

哈圖沙由兩層城牆包圍，建有王宮、儲藏室、連接城外的地下道、「獅子門」與「皇室門」等城門，以及供奉太陽女神的神殿、岩

獅子門

©WitR／Shutterstock.com

©Pecold／Shutterstock.com

雅茲勒卡亞神殿的十二神遊行浮雕

石表面雕刻帶狀浮雕的雅茲勒卡亞神殿。

●刻有歷史的黏土板

至於城內，人們發現許多刻有楔形文字的黏土板，有些刻著西元前13世紀西臺穆瓦塔里二世與埃及拉美西斯二世爆發卡疊石戰役後所簽訂的和平條約，而同樣內容的物品在埃及底比斯（⇨p.33）的卡奈克神殿也曾發現。

西臺曾統治安那托利亞，然而約在西元前1200年，遭到一群「海上民族」入侵，加上國內發生王族糾紛與糧食危機等問題，後來便滅亡了。

黏土板上刻有卡疊石戰役後雙方簽訂的和平條約

©Chris Hill／Shutterstock.com

傳說中的特洛伊戰爭之城市遺址
特洛伊遺址

- ■遺產名稱：特洛伊考古遺址
- ■所在國家：土耳其
- ■登錄年分：1998年
- ■主要相關人物：施里曼

©Tatiana Popova／Shutterstock.com

●施里曼相信史詩描述為真

　　德國考古學家海因里希・施里曼小時候閱讀《兒童世界歷史》時，相信特洛伊戰爭是真實故事。

　　書中提到西元前8世紀荷馬撰寫的史詩[*1]《伊利亞德》，描述特洛伊人和希臘人為了爭奪斯巴達王后海倫引發特洛伊戰爭的故事。

＊1 闡述雄偉的歷史事件、神話、英雄事蹟等等的故事詩。

特洛伊木馬模型（上）與特洛伊遺址（下）

©PIYA PALAPUNYA／Shutterstock.com

斯巴達國王的兄長——邁錫尼國王阿伽門農率領希臘軍，與特洛伊軍交戰十年以上，最後特洛伊軍因為大意，遭到躲在巨大木馬[*2]內的希臘士兵襲擊而戰敗。在施里曼小時候，大家都認為這是個單純的神話故事。

●實際發現的神話世界

長大成人後，賺取大量財富的施里曼，自西元1870年起在土耳其西北部開始進行實際的挖掘作業，終於找到與特洛伊國王有關的「普里阿摩斯王的寶藏」，包括土冠、飾品、杯子、箭矢等，推測它們屬於特洛伊的遺物。

然而，特洛伊遺址是由西元前3000～後500年這段期間內的城市反覆堆疊所形成的地層，根據之後的調查結果，施里曼發現的是大約西元前2500～前2300年的遺物，遠比特洛伊戰爭的時代更早。日後，考古學家又從更新的地層中發現遭破壞的城市遺蹟、火災遺蹟、因戰爭被困在城內時用來存水的壺和受傷的人骨，推測這些遺蹟才是屬於特洛伊戰爭爆發時的普里阿摩斯國王時代。

©Nick Pavlakis／Shutterstock.com

阿伽門農的黃金面具

發現特洛伊遺址後，施里曼接著在希臘找到邁錫尼文明遺址，即登錄於世界遺產名錄中的「邁錫尼和梯林斯考古遺址」，推測是繁榮於大約西元前1600～前1200年的邁錫尼文化中心地。

稱為「阿伽門農面具」的黃金面具

特洛伊戰爭時阿伽門農率領希臘軍隊，據說城堡就在邁錫尼，該地發現用巨大石塊建造的城牆、城門及圓形陵墓等。施里曼在此地挖掘出黃金面具，認為是阿伽門農所持有，但根據之後的調查，發現那是比阿伽門農時代更古老的遺物。

位於邁錫尼城中的圓形陵墓

©RODKARV／Shutterstock.com

*2 希臘軍在特洛伊城門前放了一座藏有士兵的巨大木馬，其他士兵則退到海上，讓特洛伊軍以為希臘軍已經撤退，將木馬視為戰利品運到城內。躲在木馬內的士兵趁著夜晚特洛伊居民在慶功宴結束醉倒後打開城門，讓等在城外的希臘軍大舉進攻，擊敗了特洛伊軍。這座木馬又稱為「特洛伊木馬」。

井然有序的古印度河文明城市

摩亨卓達羅

●先進的計畫城市

摩亨卓達羅是代表印度河文明的城市遺址，西元1922年由印度考古學家發現。該地位於現今巴基斯坦南部及印度河下游流域，四周寬度約1.6公里。

城市內的道路呈現直角交錯，街道看起來就像棋盤一樣。建築物用高溫燒成的磚塊建造，下水道鋪設完善，還有廁所。城市東側為磚房林立的街道，西側則是被稱為「城堡」的地區，留下大浴場、穀

摩亨卓達羅遺址

資訊	■遺產名稱：摩亨卓達羅考古遺址
	■所在國家：巴基斯坦
	■登錄年分：1980年
	■主要相關人物：無

物倉庫、集會所等建築物遺址。

該遺址中不但發現印章、用轆轤（拉胚用的轉盤）製作的彩色花紋土器等各種物品，還有印度教主神濕婆神原型和牛的雕像。

刻有聖獸（牛）及印度文字的印章
印度文字至今尚未被解讀出來。

●謎團重重的印度河文明

雖然從摩亨卓達羅的遺址，可以看出街道擁有先進的城市計畫與支持該計畫的技術，卻未發現雄偉的神廟、王宮和陵墓。因此，學者猜測印度河文明中可能沒有一個強大的掌權者。

這座城市約從西元前2300年開始步入鼎盛時期，但約西元前1800年時滅亡，滅亡原因眾說紛紜，至今不明。

除了摩亨卓達羅之外，印度河流域還發現哈拉帕等印度河文明遺址。或許藉由今後的挖掘，能夠解開謎團。

可證實的中國最古老王朝首都

殷墟

資訊

■ 遺產名稱：殷墟
■ 所在國家：中國
■ 登錄年分：2006年
■ 主要相關人物：無

●商朝首都

目前可證實的中國最古老王朝稱為「商朝」或「殷商」。商朝存在於西元前16～前11世紀，後期的首都遺址就是殷墟，位於中國北京市南方約500公里的河南省安陽市郊外。

殷墟的出土使我們得知超過三千年以前的各種技術、道具和文化，該地發現了宮殿、王族陵墓、保存完整的皇后陵墓等。

●大量的殉葬品

王族陵墓中不僅有戰車、殉葬者＊及動物的骨骸，還挖掘出裝飾品、青銅器具、翡翠、刻有文字的

©beibaoke／Shutterstock.com

經證實為商朝第二十二代君王武丁之妻──婦好的陵墓（上）及該地出土的青銅器（右） 當時的王族陵墓中唯一保留完整形狀者。

©PPS通信社

最大的青銅器「司母戊鼎（后母戊鼎）」
高137公分、長110公分、深77公分，重達870公斤。

©PPS通信社

刻有甲骨文的龜殼
用火烘烤烏龜甲殼及大型骨頭，依照出現的裂紋來占卜，並將結果記錄在表面上。

骨頭、陶器和象牙精緻品等古物。

●高度文化與技術

　　刻在龜殼和獸骨上的文字被稱為「甲骨文」，是為了記錄占卜所得知的軍事或政治決策而發明，成為現代漢字的原始型態。透過這些留下來的文字和資料，我們得以了解當時的信仰與社會架構。

　　＊主人死後陪同死者下葬。

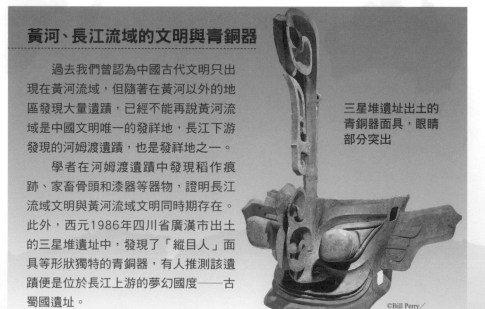

黃河、長江流域的文明與青銅器

　　過去我們曾認為中國古代文明只出現在黃河流域，但隨著在黃河以外的地區發現大量遺蹟，已經不能再說黃河流域是中國文明唯一的發祥地，長江下游發現的河姆渡遺蹟，也是發祥地之一。

　　學者在河姆渡遺蹟中發現稻作痕跡、家畜骨頭和漆器等器物，證明長江流域文明與黃河流域文明同時期存在。此外，西元1986年四川省廣漢市出土的三星堆遺址中，發現了「縱目人」面具等形狀獨特的青銅器，有人推測該遺蹟便是位於長江上游的夢幻國度——古蜀國遺址。

三星堆遺址出土的青銅器面具，眼睛部分突出

©Bill Perry／
Shutterstock.com

3章

約前10～前3世紀

古代近東、希臘、希臘化時代與亞洲

　　近東地區因亞述與波斯，形成多民族、多語言的大帝國。此外，亞歷山大大帝遠征東方，促使東西文化融合，發展出希臘化文化。希臘城邦重視個人獨立與自由，打破國家和民族藩籬，發展出人人皆為世界一分子的世界公民主義觀念。中國自周朝衰弱後，各地諸侯相爭，最後由秦朝統一中國。

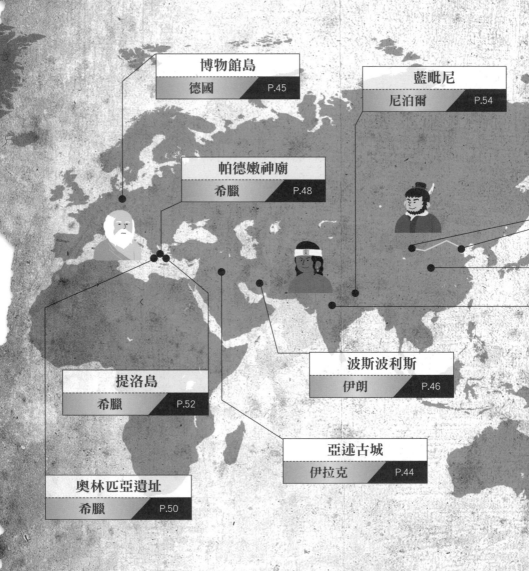

博物館島
德國　　P.45

藍毗尼
尼泊爾　　P.54

帕德嫩神廟
希臘　　P.48

波斯波利斯
伊朗　　P.46

提洛島
希臘　　P.52

亞述古城
伊拉克　　P.44

奧林匹亞遺址
希臘　　P.50

42

約前11世紀	周武王擊敗商朝。
前8世紀	希臘出現雅典與斯巴達等城邦（都市型國家）。
前7世紀	亞述國王巴尼拔征服埃及，將亞述領土擴張至最大。
前612年	亞述滅亡，分裂成埃及、米底亞、利底亞、新巴比倫（迦勒底）四個王國。
前525年	阿契美尼德波斯帝國的岡比西斯二世征服埃及，再次統一近東。
前500年	阿契美尼德波斯帝國的大流士一世與希臘爆發波希戰爭（～西元前449年）。
約前6世紀	佛教誕生。
前334年	馬其頓王國的亞歷山大大帝遠征東方（～西元前324年）。
約前3世紀中葉	孔雀王朝阿育王保護佛教，使其普及。
前221年	秦國嬴政統一中國，自稱秦始皇。

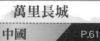

萬里長城

中國　　　　P.61

©Hung Chung Chih／Shutterstock.com

秦始皇陵與兵馬俑

中國　　　　P.58

©AJancso／Shutterstock.com

桑吉佛塔

印度　　　　P.56

©saiko3p／Shutterstock.com

約前10～前3世紀

古代近東、希臘、希臘化時代與亞洲

亞述王國最早的首都

亞述古城

資訊

■ 遺產名稱：亞述
■ 所在國家：伊拉克
■ 登錄年分：2003年
■ 主要相關人物：無

©PPS通信社

亞述遺蹟
亞述古城為亞述王國最早的首都，西元前8世紀之後，首都遷移至尼尼微（現今伊拉克北部）。

●第一個統一近東的帝國

　　現今「中東」，範圍相當於過去稱為「近東*」的地區，許多國家相互爭奪領土，而首次統一近東的國家，就是以亞述為首都的亞述王國。

　　西元前15世紀，亞述一度降服於米坦尼王國，成功獨立之後，約西元前9～前8世紀成為一個使用鐵製武器和戰車的強大軍事國家，並開始向外擴張領土。

　　到了西元前7世紀，亞述國王巴尼拔統一了美索不達米亞至埃及的大部分近東地區，成為統治各種民族的「世界級帝國」。

●各地爆發叛亂

　　因帝國疆域廣大，亞述將領土

---

* 埃及、土耳其、伊拉克及伊朗等地在靠近歐洲的東方，故稱為「近東」，相對於中日韓的「遠東」。
　近東的土耳其常被稱為「安那多利亞」，原意為「日升東方」。

分為許多省，派遣總督前往各地統治，由於施行極為嚴苛的政策，不僅對各民族課以重稅，且強制移居其他地方，不久各地皆起義造反，諸民族相繼獨立。西元前612年，近東分裂成埃及、利底亞、新巴比倫（迦勒底）、米底亞四個王國，亞述在新巴比倫王國與米底亞王國攻擊下滅亡。

● 埋在土中的亞述古城

亞述英文名為Ashur，現今原文名改為Qal'at Sherqat。古城大部分遺蹟都埋在土裡，不過還是發現金字形神塔（聖塔）、宮殿遺蹟，以及用楔形文字撰寫的史料。

亞述出土的男性浮雕
浮雕為削鑿岩石而成。

新巴比倫王國的伊絲塔城門

新巴比倫王國與米底亞王國聯手消滅亞述帝國，其國王尼布甲尼撒二世在首都巴比倫興建許多工程，其中之一就是「伊絲塔城門」。

伊絲塔城門牆面貼滿藍釉磚，供奉巴比倫女神伊絲塔。

伊絲塔城門除了被修復重建於德國柏林的世界遺產「博物館島」之中，西元2004年也在伊拉克的巴比倫遺址中修復重建。

德國博物館島的伊絲塔城門
位於博物館島中的佩加蒙博物館，特徵為公牛浮雕。博物館島於西元1999年列入世界遺產名錄，五座主要的博物館和美術館聚集在河川分叉形成的島上。

繁榮的波斯帝國遺蹟

波斯波利斯

資訊

■ 遺產名稱：波斯波利斯
■ 所在國家：伊朗
■ 登錄年分：1979年
■ 主要相關人物：居魯士二世、
　大流士一世、亞歷山大大帝

●大流士一世打造巨大帝國

西元前550年，阿契美尼德波斯帝國於近東崛起，在現今伊朗西南部地區建設新都波斯波利斯。

印歐語系的伊朗人（波斯人）原本受米底亞王國統治，之後阿契美尼德家族的居魯士二世推翻米底亞，開創阿契美尼德波斯帝國，擊潰利底亞，征服小亞細亞，在西元前539年征服新巴比倫。西元前525年，第二代國王岡比西斯二世征服埃及，再度統一近東。

到第三代國王大流士一世的時代，阿契美尼德波斯帝國成為東至印度河，西至愛琴海的巨大帝國。

●耗費約六十年建設波斯波利斯

同一時期，大流士一世開始建設波斯波利斯，這座耗費約六十年興建的城市，是國王用來舉行儀式的神聖之都。

為建設新都，大流士一世網羅全帝國的人力和物資，並將黃金、白銀、象牙等物品用在建築物上。

●培養「王之耳目」與建設「王之道」

大流士一世將領土劃分為二十多個省，委由總督進行統治，並培養一批直屬國王的官吏，稱為「王之眼」與「王之耳」，負責監視總督與蒐集各地情資。

此外，他致力建設一條從行政首都蘇薩（⇨p.26）延伸至位於現今土耳其的城市薩第斯的國家道路，名

薛西斯門

以大流士一世之子薛西斯一世的名字命名。登上一百一十一階大階梯，穿過這道門之後，可以看見進貢品貢品給君王的「謁見殿」。

©suronin／Shutterstock.com

46

為「王之道」，全長約2500公里，往來兩地最快只需一星期，商業因此更加活絡，開創帝國鼎盛時期。

●阿契美尼德波斯帝國的滅亡

繁榮的阿契美尼德波斯帝國在西元前五世紀前半期間發生三次波希戰爭，隨著遠征希臘失敗，繁榮的光景也蒙上一層陰影。

西元前334年，馬其頓王國的亞歷山大大帝*開始遠征東方，占領阿契美尼德波斯帝國的城市。

到了西元前330年，波斯波利斯被占領，阿契美尼德波斯帝國就

大流士一世的浮雕
大流士一世的父親是一名總督，因平定先代君王過世後爆發的叛亂，大流士一世才得以成為君王。

* 希臘北部的馬其頓國王，打造了橫跨希臘、埃及和印度西部的大帝國。

波斯波利斯
在堆疊約20公尺高石堆上的城市遺蹟。東西300公尺、南北450公尺的廣大腹地中，林立許多由柱子支撐起來的建築物。

此滅亡。曾為世界第一首都的波斯波利斯燃燒著熊熊火焰，變成一片廢墟。

聳立雅典山丘上的聖地

帕德嫩神廟

- 遺產名稱：雅典衛城
- 所在國家：希臘
- 登錄年分：1987年
- 主要相關人物：伯里克里斯

●希臘城邦的誕生

約西元前12世紀，邁錫尼文明的王國相繼滅亡，希臘進入被稱為「黑暗時代」的混亂時期，人口減少，人們移居各地。而約自此時起，希臘也展開鐵器時代。

到了西元前8世紀，原本分散居住各地的村民，在掌權貴族領導下開始集中生活、建造城市，形成雅典和斯巴達等「城邦」（都市型國家）。

●曾為市區中心的雅典衛城

希臘城邦發展順利，由城牆包圍的市區與田園組成，宗教中心地為衛城山丘，其不僅僅是座堡壘，更是供奉守護神的神聖之地。

其中，最廣為人知的就是身為古希臘文化中心地而繁榮起來的城邦——雅典衛城內的帕德嫩神廟。

●波希戰爭與帕德嫩神廟

西元前5世紀初期，愛奧尼亞地區的希臘殖民地發起反抗阿契美尼德波斯帝國統治的叛亂，包括雅典等希臘城邦加入，波希戰爭因此爆發。

西元前490年，佩戴盔甲、盾牌及長槍的雅典重裝步兵在馬拉松戰役中擊敗波斯軍隊；西元前480年，雅典帶領希臘海軍在薩拉米斯海戰再度獲勝。一直到西元前449

©milosk50／Shutterstock.com

©PavleMarjanovic／Shutterstock.com

帕德嫩神廟

耗費十五年重建完成。中央部分立著四十六根粗大雄壯、柱頭沒有裝飾且無柱礎，以及柱身有二十條凹槽的多利克式柱子。約自西元15世紀起成為鄂圖曼帝國的清真寺（伊斯蘭禮拜堂）使用，西元17世紀時成為武器庫，在威尼斯共和國與鄂圖曼帝國的戰爭中遭到嚴重破壞。

年，雙方談和，波希戰爭才正式宣告結束。

　　而為了慶祝波希戰爭獲勝，雅典政治家伯里克里斯重建了帕德嫩神廟。

雅典衛城

位於高度約156公尺的山丘上，是多間神廟座落的宗教信仰中心地，其中最大的神廟即供奉雅典守護神雅典娜的帕德嫩神廟。山丘的山麓地區是被稱為「阿哥拉（市集）」的廣場，具備公共設施，有市民集會、審判和交易買賣等各種用途，為生活中心地。

奧林匹克運動會誕生地

奧林匹亞遺址

資訊

■ 遺產名稱：奧林匹亞考古遺址
■ 所在國家：希臘
■ 登錄年分：1989年
■ 主要相關人物：無

©Passion Images／Shutterstock.com

赫拉神廟與聖火點火儀式（下）
奧林匹亞挖掘出祭祀希臘女神赫拉的赫拉神廟
等遺蹟。近代奧林匹克運動會點燃聖火的儀式就
在赫拉神廟舉行。

●奧林匹克運動會的開端

　　現今每四年一度的奧林匹克運
動會，稱為「近代奧林匹克」，由
法國教育學家皮埃爾・德・顧拜旦
所提倡，始於西元1896年。

　　這是重新發揚光大古希臘「奧
林匹亞祭典」精神的活動。古代奧
林匹亞祭典是用來祭祀宙斯的儀
式，卻成為近代奧林匹克運動會的
源頭。而古代奧林匹亞祭典舉行的
地點，就在伯羅奔尼撒半島西北部
的奧林匹亞。

● 為宙斯而辦的祭典

　　根據文獻記載，古代奧林匹亞祭典始於西元前776年，目的在祭祀奧林帕斯十二神的主神宙斯，每四年舉辦一次。

　　奧林匹亞被選為舉辦地點的原因，在於此地約自西元前10世紀起便是信仰宙斯的中心聖地。跑步場地、浴室、附有授課室的練習場（摔角學校）皆坐落於此，如同包圍著高度約20公尺的宙斯神殿一般。最初舉辦的時間只有一天，競賽項目也只有一項短跑「史塔德（stadion）」（希臘文原意為「場地跑」，後成為英語體育場stadium的語源）。後來競賽項目不斷增加，延長到五天。

　　此外，希臘時常發生戰爭，但奧林匹亞祭典舉辦時被視為休戰期間。西元393年，羅馬皇帝頒布禁令，自此不再舉辦祭典。

用石頭做成的起跑線
古代奧林匹亞祭典的競賽項目原只有短跑一項。跑步長度為「1史塔德」，相當於192.27公尺，為防止作弊，參賽選手必須裸體奔跑。

©Ratikova／Shutterstock.com

舉行田徑運動的場地「史塔德」
©TakB／Shutterstock.com

51

提洛同盟中心地與神話聖地

提洛島

資訊

■ 遺產名稱：提洛島
■ 所在國家：希臘
■ 登錄年分：1990年
■ 主要相關人物：無

●由雅典主導的提洛同盟

　　提洛島位於愛琴海近中央的位置，傳說是太陽神阿波羅與月亮女神阿提蜜絲的出生地，後因成為神話聖地、政治及文化中心地而繁榮。

　　約西元前478年，為了防範再度遭受波斯攻擊，愛琴海周邊的城邦在島上締結提洛同盟，雅典擔任此一軍事同盟的盟主，加上強大的海軍與經濟實力，得以掌控愛琴海霸權。

●雅典與斯巴達產生摩擦

　　而位於伯羅奔尼撒半島的各城邦早在西元前6世紀便已組成伯羅奔尼撒同盟。身為盟主的斯巴達欲與雅典對抗，使希臘世界的兩大陣營對立加深，在西元前431年引發伯羅奔尼撒戰爭。

大理石雕刻的石獅像（複製品）
據說在約西元前7世紀時，由附近島嶼的居民打造。迴廊盡頭為供奉太陽神阿波羅的阿波羅神殿，這座島也被視為聖地。

©Dieter Hawlan / Shutterstock.com

提洛島上的遺蹟
在提洛同盟的時代，來自各城邦的代表集結於島上舉行會議，
同盟的金庫也在島上，只是不久後遷移至雅典。

●城邦間紛爭不斷

　　在長達近三十年的戰爭中，斯
巴達曾經獲得波斯支援，最後率領
伯羅奔尼撒同盟獲勝，為戰爭畫下
句點。

　　後來，斯巴達在西元前371年
敗給底比斯，但希臘城邦之間仍然
持續征戰不斷，混亂時代便如此延
續著。

古希臘建築的列柱
古希臘創造出各式各樣的建築型
態，照片中的列柱使用了被稱為
「愛奧尼亞柱式」的建築法，特
徵為柱頭上羊角狀的渦卷裝飾。

佛陀誕生的佛教聖地

藍毗尼

資訊

- ■ 遺產名稱：佛陀誕生地藍毗尼
- ■ 所在國家：尼泊爾
- ■ 登錄年分：1997年
- ■ 主要相關人物：佛陀

●招致反感的種姓制度

約西元前2000年，中亞遊牧民族雅利安人開始進入印度，到了大約西元前1000年，他們的勢力擴大到恆河流域，且與原住民族通婚，生活模式也轉變為農耕。為了維持統治地位，他們將居民區分為婆羅門（祭司）、剎帝利（戰士）、吠舍（平民）和首陀羅（奴僕）四種身分，稱為「種姓制度」。社會的基本信仰是婆羅門教，以《吠陀經》為根本經典。

種姓制度使人們之間產生嚴格的上下關係，因而受到批判。在這樣的社會風俗下，約西元前6世紀，悉達多‧喬達摩（又稱釋迦牟尼、佛陀）創立了佛教。

●反對種姓制度的佛陀

西元前6～前5世紀，佛陀出生於尼泊爾南部的藍毗尼，為古印度部落釋迦族的王子。他於二十九歲出家，三十五歲在菩提伽耶的菩提樹下頓悟。

佛陀（尊稱，意思是「看見正道的人、開悟的人」）反對種姓制度的差別待遇，推廣從現世之苦中獲得解脫的法門，因而獲得許多支持。

佛陀於八十歲去世，信徒們承襲其教義，佛教信仰隨之拓展到東南亞、中國、日本等東亞地區。

©Alexandra Lande／Shutterstock.com

正在祈禱的僧侶
藍毗尼為佛教四大聖地之一，世界各地的佛教徒都會前來巡禮。

摩耶夫人廟

以佛陀母親摩耶夫人之名命名的寺廟。傳說摩耶夫人手攀此地的一根樹枝後，從右肋生出佛陀。

阿育王的石柱

西元前3世紀，身為佛教徒的印度孔雀王朝國王阿育王（⇨ p.56）前往藍毗尼巡禮，留下刻有佛陀誕生地字樣的石柱。人們遺忘這根石柱很長一段時間，直到西元1896年被發現，藍毗尼才再度成為巡禮之地。

雕刻於阿育王石柱上的文字

石柱上寫著由於此處為佛陀誕生地，該村可以免除部分稅金。

阿育王打造的古印度佛教聖地

桑吉佛塔

圓頂狀佛塔
存在於西元前3～後12世紀超過一千年以上的遺蹟，是現存最古老的佛教聖地。

●首度統一印度的孔雀王朝

西元前4世紀，馬其頓王國的亞歷山大大帝侵略印度半島西北部，導致印度各地出現希臘人扶植的政權，持續混亂，直到摩揭陀國孔雀王朝統一印度，才終結這種情況。

孔雀王朝由旃陀羅笈多建立，統治恆河流域，後來勢力延伸至原由希臘人統治的印度河流域，擴展成巨大的帝國。第三代國王阿育王穩固國力根基，開創孔雀王朝的鼎盛時期。

●阿育王成為虔誠的佛教徒

阿育王透過戰爭擴張領土，統治印度大部分地區，但他為戰爭造成許多犧牲者感到後悔。於是，阿育王成為虔誠的佛教徒，舉辦佛典集結與布施等活動，遵從佛陀主張，用「法」（指身為一個人的正確行徑，包含道德、倫理等）來統

■ 遺產名稱：桑吉佛教遺址
■ 所在國家：印度
■ 登錄年分：1989年
■ 主要相關人物：阿育王

資訊

僅傳達阿育王的思想，至今更成為佛教一大聖地。

保護、宣揚佛教的阿育王，約於西元前232年過世，印度孔雀王朝就此衰敗，之後到了西元1世紀，北方的貴霜人在印度河流域一帶建立了貴霜帝國。歷經漫長歲月，佛教傳入中國、日本等東亞國家，以及泰國等東南亞國家。

治萬民，不再使用武力。

●阿育王留下的佛教遺址

阿育王在各地興建超過八萬個佛塔，位於印度中部的桑吉佛教遺址的一號塔*即為其中之一，其不

＊ 佛塔梵文音譯為「窣堵波」或「塔婆」，是供奉佛陀舍利的建築物。

門上浮雕
佛塔的東西南北方各有一個門，門上浮雕敘述佛陀的故事。

©veice／Shutterstock.com

秦始皇的強大權力

秦始皇陵與兵馬俑

●七國相爭的戰國時代

取代商朝統治中國的周朝，在西元前770年遭到異族入侵，故將首都遷移至東方的洛邑（現今中國洛陽）。各地諸侯假借保護周王之名，行擴大勢力之實，中國因此進入春秋時代。

到了西元前403年，周王權威蕩然無存，諸侯各自發展國力，開始以王自居，其中齊、楚、燕、韓、趙、魏、秦七國實力較強，相互爭戰，中國因此進入戰國時代，直到秦朝首度統一中國。

秦朝約西元前8世紀建國，位於中國最西方，第三十一代君王嬴政帶領秦朝成為第一個統一中國的王朝。

58

■ 遺產名稱：秦始皇陵
■ 所在國家：中國
■ 登錄年分：1987年
■ 主要相關人物：秦始皇

資訊

●成為秦始皇的秦王政

　　嬴政十三歲登基，相繼消滅其他六國，在西元前221年統一中國全境。

　　此外，他是第一個在中國使用「皇帝」稱號代替「王」的人，自稱「秦始皇」。

　　秦始皇實施郡縣制，以郡、縣為單位，將全國切割成許多區塊，

兵馬俑的士兵像　　©PPS通信社
以真實的士兵為模型所做，每個長相、服裝都不同，推測當時的陶俑帶有顏色。

士兵、戰馬林立的兵馬俑
西元1974年，農民在挖井時偶然發現以士兵和戰馬為模型所做的等身陶俑，位於秦始皇陵東方約1.5公里處，所有士兵皆面朝東方。

©AJancso／Shutterstock.com

©Giancarlo Liguori／
Shutterstock.com

自中央派遣官員前往治理。他統一貨幣、度量衡（長度、容積、重量單位）和文字，將權力集中至中央。他為鞏固政權「焚書坑儒」，燒毀書物、活埋儒者＊，徹底打壓人民的言論自由。

西元前210年秦始皇過世後，各地相繼發生陳勝、吳廣之亂等反抗秦朝暴政的起義行動。西元前

秦始皇
統一中國的秦王政將自己的稱號改為「皇帝」，自稱「秦始皇」。直至西元20世紀為止，中國歷代王朝皆用皇帝來稱呼統治者。

＊ 研究儒學思想的學者，當時儒學者擁有強大的影響力。

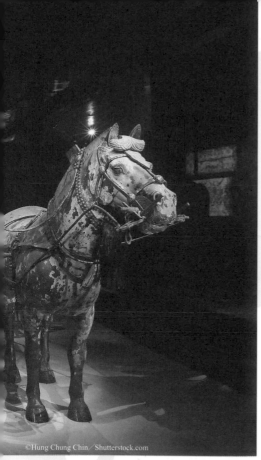

©Hung Chung Chin／Shutterstock.com

206年，秦朝便在混亂局勢中結束了短暫的統治。

● 保存於中國中部地區的秦始皇陵

　　而保存在中國西安市的秦始皇陵，顯示出秦始皇的強大權力。

　　秦始皇陵自西元前246年開始修建，耗費約四十年完工，至今依然沒有完全挖掘出來，根據史書《史記》記載，地底下還建有一座大型宮殿，以及防範盜賊的機關等。其陵墓附近埋有許多被稱為「兵馬俑」的等身士兵、戰馬等陶偶，彷彿在保護去世後的秦始皇一般。

銅車馬
秦始皇乘坐的馬車用銅製做。

身為一大事業的萬里長城

　　位於中國北部，東西長達約3000公里的萬里長城，是世界上最長的城牆，也被登錄於世界遺產名錄中。為了抵禦北方騎馬遊牧民族自蒙古地區入侵中國，約自西元前7世紀的春秋時代起，人們便開始修建城牆，到了戰國時代，各國為保護國土仍持續修建。秦始皇整合這些工程，以防止匈奴入侵。後來長城經過增建、改建，流傳至今，總長約8900公里。

©Hung Chung Chin／Shutterstock.com

萬里長城
經過中國歷代王朝加以整修，現存大部分城牆多半修築於西元15～16世紀的明朝。

羅馬帝國的發展

　　建立城邦的羅馬以共和政體統一義大利半島，不久後前進地中海。而身為凱撒後繼者的屋大維，則帶領羅馬進入實質上的帝政時期，為之後延續約兩百年的「羅馬治世」奠定根基。五賢帝時代是羅馬的全盛時期，其中圖拉真皇帝在位期間將領土擴張至最大。帝國全境建設了街道、供水系統，各地皆出現羅馬風格的城市。

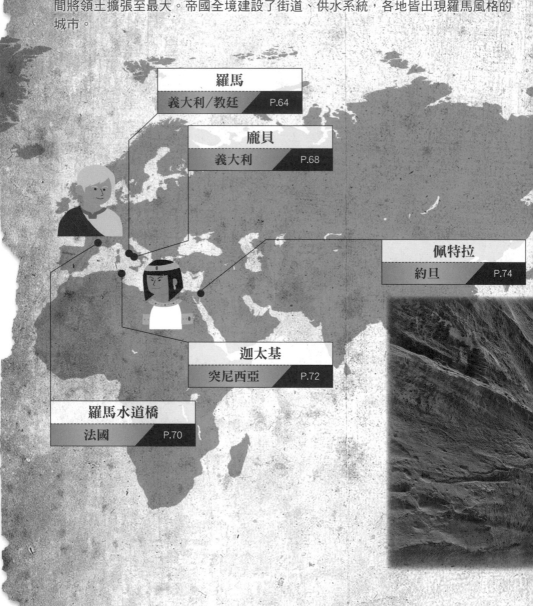

前264年	羅馬統一義大利半島後，與當時掌控西地中海海上貿易的腓尼基人殖民城市迦太基發生三次布匿戰爭（～西元前146年）。
約前248年	安息帝國建國。
前202年	劉邦在垓下之戰擊敗項羽，建立漢朝。
約前91年	漢武帝時代，司馬遷完成記錄歷史的《史記》編纂。
前27年	元老院贈予屋大維「奧古斯都」稱號，屋大維維持元老院等共和政體的架構，建立實質為獨裁統治的元首制度。
約30年	耶穌遭到處刑。
2世紀初	羅馬五賢帝中的圖拉真皇帝將羅馬疆域擴張至最大。
2世紀中葉	迦膩色伽王統治的貴霜帝國與羅馬帝國進行貿易而變得繁榮，發展出健馱邏藝術。
220年	中國的東漢滅亡，魏、蜀、吳三分天下。
224年	安息帝國被消滅，薩珊波斯帝國建立。

©klempa／Shutterstock.com

以羅馬帝國歷史為裝飾的街道

羅馬

資訊

■ 遺產名稱：羅馬歷史中心，城中享有治外法權的教廷建築物及城外聖彼得大教堂
■ 國家：義大利／教廷
■ 登錄年分：1980年
■ 主要相關人物：凱撒、屋大維

©Pixachi／Shutterstock.com

圓形競技場

圓形競技場

為了擴張領土不斷進行戰爭，導致農民的土地荒蕪，出現越來越多失去土地的「無產市民」，掌權者為了獲得他們的支持，便提供食物（麵包）和娛樂（馬戲）。西元80年建造的圓形競技場，會舉行劍鬥士競技表演，是娛樂場所之一。

●擊敗迦太基，稱霸地中海

約西元前753年，拉丁人在義大利半島建立了一座城邦「羅馬」，西元前6世紀，羅馬開始實施共和政體[*1]。羅馬人分成貴族與平民兩種階級，並從貴族中挑選出兩名「執政官」掌管行政和軍事，任期一年，但握有實權的則是由貴族組成的議會「元老院」。

羅馬透過戰爭擴張領土，使得以重裝步兵身分參戰的平民重要性提升，為了爭取參政權，他們與貴族進行階級鬥爭，終於在西元前5世紀前期，獲得守護平民權利的護民官，以及唯有平民才能參加的平民大會。在第三次布匿戰爭（⇨p.72）結束的西元前2世紀，羅馬幾乎統治整個地中海。

*1 沒有國王之類的單一君主，而是由多人一同執政的政治體制。

古羅馬廣場

●內亂時代

　　羅馬成為地中海世界的霸主後，國內支持元老院的貴族派與支持平民大會的平民派互相爭權奪勢，導致羅馬陷入內亂。

　　接著，又發生劍鬥士斯巴達克斯率領九萬名奴隸起義造反的事件，最後陷入內戰，讓羅馬局勢更加混亂。

●元首制度的開端

　　平民派的凱撒以武力贏得內戰，在西元前46年成為獨裁官，進行各項改革，獲得民眾歡迎。此外，他還修建羅馬市民的公共廣場「古羅馬廣場」。然而，凱撒遭到共和主義者布魯圖斯等人暗殺，羅

馬再度爆發內亂，直到凱撒養子屋大維打敗凱撒部下安東尼，才終結長達一世紀的內亂。

　　元老院贈予屋大維「奧古斯都」（至尊之意）的稱號；為避免人民反感，屋大維自稱「第一公民」，並維持元老院等共和政體的架構，建立了元首制度[*2]，使羅馬實質上進入帝政時期。

屋大維雕像

©Pierre Jean Durieu／
Shutterstock.com

*2 非像皇帝一樣以單一身分掌控大權，而是留下共和政體的架構，由最上位的元首身兼數個公職，實質上仍是獨裁統治。

古羅馬廣場
為羅馬中心的公共廣場，會舉辦演講及皇帝凱旋遊行等活動。

©S.Borisov／Shutterstock.com

卡拉卡拉澡堂・萬神廟

●延續兩百年的「羅馬治世」

繼奧古斯都之後，羅馬維持了約兩百年的「羅馬治世」，尤其在「五賢帝」時代，更是羅馬帝國的全盛時期。帝國全境基礎設施完善，並與印度、東南亞、中國進行貿易，各地皆建有羅馬風格的城市。

世界最大的圓形競技場修建，以及萬神廟的改裝工程都在此一時期完成。

西元217年，卡拉卡拉皇帝時代還建造了市民用的巨大公共澡堂「卡拉卡拉澡堂」。

©Iakov Kalinin／Shutterstock.com

萬神廟
供奉羅馬所有神祇的神廟，西元前27年由羅馬政治家，也是奧古斯都的摯友阿格里帕所建，遭大火燒毀後，由五賢帝之一的哈德良皇帝改建。

卡拉卡拉澡堂遺蹟
西元217年，卡拉卡拉皇帝建造的大型公共澡堂，據說可以容納二千人以上同時入浴。

©nito／Shutterstock.com

城外聖彼得大教堂

聖彼得大教堂（梵諦岡聖彼得大會堂）內部
君士坦丁大帝在據說是耶穌大門徒聖彼得的墓室上興建教堂，但原建物被文藝復興時代羅馬教宗所蓋的「大會堂」所取代，其祭壇下方被認為是聖彼得的墓室。

●獲得公認的基督教

　　五賢帝時代末期，羅馬帝國面臨財政窘迫、日耳曼人入侵等內憂外患，加上爭奪皇位的情況嚴重，進入各地軍團分別擁立不同皇帝的「軍營皇帝」時代。

　　西元3世紀末期即位的戴克里先皇帝為恢復安定，將帝國疆土分成四塊，由兩名正帝及兩名副帝各自統治，稱為「四帝共治」制度。

　　西元306年即位的君士坦丁大帝為了促進國家統一，讓遭受迫害的基督教合法化，並在東方建立新首都，命名為君士坦丁堡（⇨p.82）。

　　遷都後羅馬依然無法恢復過往的繁榮，於西元395年分裂成西羅馬帝國和東羅馬帝國（拜占庭帝國），西羅馬帝國也於西元476年滅亡。

　　不過，君士坦丁大帝建造的聖彼得大教堂則成為基督教聖堂建築的起源。

將「羅馬治世」流傳至今的城市

龐貝

資訊

■ 遺產名稱：龐貝、赫庫蘭尼姆
　與托雷安農齊亞塔的考古區
■ 所在國家：義大利
■ 登錄年分：1997年
■ 主要相關人物：無

©S-F／Shutterstock.com

龐貝遺址（前）與維蘇威火山（後）
因被火山爆發時的火山灰掩埋，遺蹟並未受到風化等影響，保存狀態非常良好。

●呈現古羅馬繁榮的遺蹟

　　繁榮的「羅馬治世」持續約兩百年，而能窺知繁榮情景的遺址就是位於義大利南部的龐貝城遺蹟。該城市在西元16世紀末被發現，是一個能讓現代人了解古羅馬的驚奇時空膠囊。

●龐貝的街景

　　位於維蘇威火山山麓地區的龐貝自古以來建有村落，因西元前91年展開的「同盟者戰爭」（羅馬與義大利盟邦之間的戰爭），該村落被納入羅馬管轄，喜愛美景的羅馬富有居民便相繼建造許多別墅、澡堂、劇場、神殿等建築。

據說，頂著繁榮城市光環的龐貝在全盛時期有一萬五千～兩萬人生活於此。此外，城市中擁有鋪設良好的街道及供水系統。

●因火山灰而保存至今的街道

西元79年維蘇威火山大爆發，龐貝轉瞬間遭到火山灰掩埋，繁華的城市因而長時間消失在人們的記憶中，直到大約西元1748年開始進行挖掘作業，才再次出現在人們眼前。

由於被埋在火山灰下，當時人們的生活情況原封不動地保存下來，是極為珍貴的世界遺產。

在龐貝發現的壁畫
用鮮豔色彩繪製的壁畫，可以了解羅馬鼎盛時期人們的生活。

火山爆發時受波及的人們
將石膏注入因火山灰而形成的空洞中，重現當時人們遇害的模樣。

展現高超的建築技術

羅馬水道橋

●羅馬帝國的優秀建築技術

　　羅馬文化與希臘文化同為歐洲文明的源頭，例如現今歐洲許多國家使用以希臘文字為基礎所創造出來的羅馬文字；而羅馬人的拉丁文至今仍持續作為學術用語使用。

　　除了文化傳播上的極大貢獻，羅馬文化在土木、建築和法律等實用領域也有傑出表現，尤其是先進的建築技術。

●一天運送 2 萬立方公尺的水

　　橫跨法國南部加爾東河的加爾橋（羅馬水道橋），在約西元前19年由羅馬政治家阿格里帕指示下建造。這座具有三層拱形構造的石橋經過精密的設計，技術先進。石橋在沒有使用幫浦的情況下，每天從

■ 遺產名稱：加爾橋（羅馬水道橋）

■ 所在國家：法國

■ 登錄年分：1985年

■ 主要相關人物：阿格里帕

資訊

水源地運送2萬立方公尺的水到約50公里遠的街道，而羅馬帝國境內到處設有這樣的水道橋，如義大利、西班牙等地區。

　　現今加爾橋已經沒有供水，然而即使過了兩千年，它依然維持著當時的模樣，顯示羅馬高超的建築技術。

曾經有流水的地方

從水源地到街道約50公里之間的高低差僅17公尺，由此得知石橋設計相當精密。

加爾橋（羅馬水道橋）

由石灰岩打造，全長270公尺，從河川水面到水道橋最頂端約有50公尺。

對羅馬造成威脅的海洋城市

迦太基

資訊

■ 遺產名稱：迦太基考古遺址
■ 所在國家：突尼西亞
■ 登錄年分：1979年
■ 主要相關人物：漢尼拔、凱撒、奧古斯都

●「海上霸主」迦太基

約西元前9世紀，以地中海東岸地區為據點且航海技術優秀的腓尼基人，在面地中海的北非土地上，建立了名為「迦太基」的城市。到了西元前6世紀，迦太基掌握西地中海的交易，大為繁榮，被稱為「海上霸主」。

但是西元前6世紀建立共和政體的羅馬，在西元前3世紀統治了義大利半島，企圖將勢力範圍延伸至地中海，卻遭到海上霸主迦太基阻止。

●三次布匿戰爭

迦太基與羅馬之間隔著一座位於地中海上的西西里島。西元前3世紀，兩國因西西里島和地中海問題，爆發三次布匿戰爭。

西元前264年展開的第一次布匿戰爭，以迦太基敗給羅馬告終，羅馬因此獲得西西里島。始於西元前218年的第二次布匿戰爭，迦太基將軍漢尼拔從伊比利半島越過阿爾卑斯山脈，攻擊義大利半島，在坎尼會戰中徹底擊潰羅馬軍。但西

元前202年羅馬軍對迦太基本土進行反擊，贏得勝利。由於兩度戰敗，迦太基城也遭到破壞。

之後過了大約五十年，迦太基完成驚人的城市復興。對此感到威脅的羅馬於西元前149年再度對迦太基發動戰爭，第三次布匿戰爭中，羅馬徹底破壞城市，西元前146年迦太基滅亡。

●羅馬殖民城市迦太基

迦太基滅亡後的一百年，也就是西元前46年，羅馬政治家凱撒計畫將迦太基重建為殖民城市，奧古

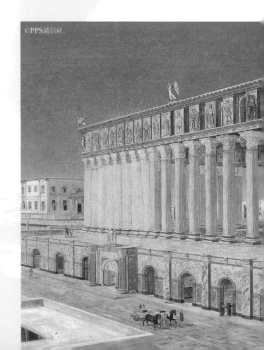

©PPS通信社

安東尼澡堂遺址
擁有超過一百間房間,如浴室、
桑拿(三溫暖)房等,建築物的
牆壁和地板皆使用鑲嵌裝飾。

斯都(屋大維)實踐了該計畫,迦太基因此重生為羅馬殖民城市。

重建後的迦太基道路與供水系統完善,還建有圓形劇場、競技場。到了西元2世紀,此地更建造了羅馬帝國的第三大澡堂「安東尼澡堂」。

●伊斯蘭勢力的入侵

再度繁榮的迦太基,卻在西元7世紀末被征服北非的伊斯蘭伍麥葉王朝(⇨p.90)占領,城市二次遭到破壞。

迦太基再也沒有恢復往日的榮耀,直到西元20世紀被發現之前,城市遺蹟一直沉睡在地底。

時至今日,我們在畢爾莎山丘等地發現儲水槽、二至六層樓的居住遺址,了解迦太基曾擁有先進的建築技術。

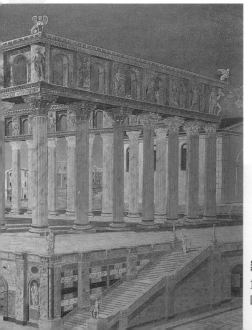

羅馬時代的廣場想像圖
重建後的迦太基成為羅馬帝國中少數的大型城市。

羅馬行省的代表性城市

佩特拉

資訊

■ 遺產名稱：佩特拉
■ 所在國家：約旦
■ 登錄年分：1985年
■ 主要相關人物：無

●身為首都而繁榮

佩特拉是約西元前2世紀時，由納巴泰人建立的交易城市，位於約旦西部，為繁榮的納巴泰王國首都，但在西元2世紀初成為羅馬帝國的阿拉伯行省，也就是義大利半島以外的羅馬征服地。

●由總督統治的行省

羅馬自西元前264年與迦太基展開第一次布匿戰爭獲勝，取得西西里島以後，便在各地設立行省。

統治行省的人為總督，擁有課徵稅賦的權限。由於領土擴張，行省增加，行省的元老院議員和負責向行省徵稅的騎士趁機收購沒落農民的農地或征服地的土地，藉由「奴隸大莊園式」經營謀取暴利，而在戰爭中被俘虜的奴隸則成為重要的勞動力，奴隸制度隨之發達。人民的貧富差距因此變大，成為貴族與平民對立的重要原因（⇨p.64）。

●納巴泰人的先進技術

後世推測，許多佩特拉遺蹟是先在削平的岩壁上畫設計圖，再依照該圖挖鑿岩石建造而成。

此外，這一帶是沙漠地區，納巴泰人會修建蓄水設施和水道來確保水源。

只是在羅馬帝國的統治下，佩特拉還是逐漸地衰退。

佩特拉的卡茲尼神殿
「卡茲尼」是阿拉伯語「寶庫」的意思，但此地作為陵墓使用。佩特拉的遺蹟大多透過削鑿天然岩山而成。

保存於佩特拉的羅馬劇場

除了劇場外，此地亦保留擁有羅馬式列柱的街道等遺址，到了西元4～5世紀更出現基督教教會。

©PPS通信社

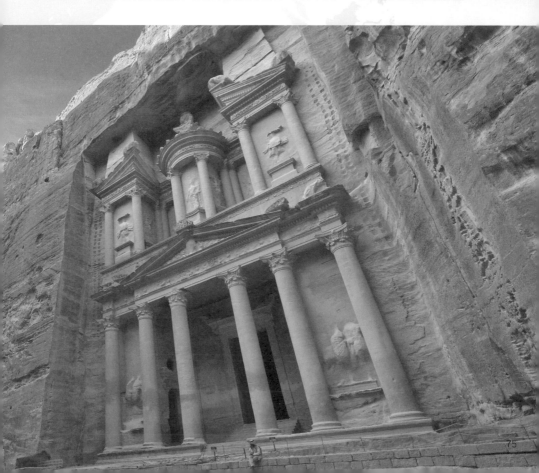

羅馬帝國的分裂與佛教發展

從五賢帝時代末期開始，羅馬帝國面臨日耳曼人入侵、安息帝國進犯等內憂外患。西元4世紀末，帝國分為東西兩部分；西羅馬帝國在西元5世紀遭日耳曼人消滅；東羅馬帝國（拜占庭帝國）成功阻止異族入侵，一直延續到西元15世紀。約西元前6世紀於印度地區誕生的佛教，逐漸流傳至東南亞、中亞、中國，譯成中文的佛經更傳到朝鮮與日本。

羅馬長城
英國／德國　P.78

卡帕多奇亞
土耳其　P.84

敦煌莫高窟
中國　P.94

聖索菲亞大教堂
土耳其　P.82

大馬士革
敘利亞　P.90

耶路撒冷
耶路撒冷　P.86

托雷多
西班牙　P.80

©suronin／Shutterstock.com

320年	旃陀羅笈多一世統一北印度，建立笈多王朝。
330年	君士坦丁大帝建立君士坦丁堡，遷移首都。
392年	基督教成為羅馬帝國國教。
395年	狄奧多西皇帝去世時，將羅馬帝國分為東西，分別由兩個不合的兒子繼承，羅馬帝國因此分裂。
399年	東晉僧侶法顯出發前往印度，從印度、斯里蘭卡帶回佛經並譯成中文。
476年	西羅馬帝國被日耳曼傭兵隊長奧多亞塞消滅。
589年	隋文帝楊堅統一中國。
618年	隋朝滅亡，李淵（唐高祖）建立唐朝。第三代皇帝唐高宗在位期間疆域擴張至最大。
622年	先知穆罕默德被迫離開麥加，遷往麥地那，稱為「聖遷」（音譯為「希吉拉」）。
629年	唐朝僧侶玄奘出發前往印度，於那爛陀寺中學習，西元645年攜帶佛經回國。

法隆寺
日本 P.97

©z tanuki／Wikimedia Commons

正倉院
日本 P.96

©z tanuki／Wikimedia Commons

阿旃陀石窟寺院
印度 P.92

©Aleksandar Todorović／Shutterstock.com

抵禦北方異族的防護牆

羅馬長城

資訊

■ 遺產名稱：羅馬帝國的邊界
■ 所在國家：英國／德國
■ 登錄年分：1987年
■ 主要相關人物：哈德良皇帝、安敦寧皇帝

● 保護廣大領土的界牆

自西元前後開始，羅馬帝國深受北方異族入侵的困擾。西元1世紀末，羅馬帝國為了阻擋北方日耳曼民族*的襲擊，在萊茵河與多瑙河之間興建名為「界牆」的防禦工事。由於河川附近為農作物生長良好的重要土地，西元2世紀之後界牆反覆改建，最後延伸至全長約550公里。

此外，西元2世紀前半，哈德良皇帝在大不列顛島（現今英國）北部興建全長約120公里的「哈德良長城」，繼位的安敦寧皇帝更在哈德良長城以北修築「安敦寧長城」。

這三座防禦牆成為當時羅馬帝國領土擴張政策，以及後來異族入

＊ 原本居住於波羅的海沿岸的民族，不久後將勢力擴張至羅馬帝國國境附近。其中，哥德人、法蘭克人、盎格魯-撒克遜人相當有名。

哈德良長城
照片中央為堡壘遺蹟。為了監視和防衛，每隔一定距離，長城上會設置小型堡壘。　　©Eduard Pop／Shutterstock.com

侵導致帝國衰退的象徵。但隨著羅馬帝國勢力衰退，高大的防禦牆功能也變得薄弱。

●日耳曼人大遷徙

　　另一方面，日耳曼人約從西元前後開始逐漸朝萊茵河、多瑙河以北一帶擴張勢力。

　　到了西元4世紀後半，屬於蒙古、突厥裔的遊牧民族匈奴人出現在東方，占領了東哥德人的領土。受匈奴人威脅的西哥德人開始朝南方移動，橫越多瑙河，移居至羅馬帝國境內。其他日耳曼人紛紛隨之移居，引發長達兩百年的日耳曼人

經過復原的界牆上的監視塔

大遷徙。日耳曼人在歐洲各地建立王國，造成東西分裂（⇨p.82）後的西羅馬帝國因此衰退，於西元476年滅亡。

刻畫伊比利半島歷史的古都
托雷多

資訊

■ 遺產名稱：歷史城市托雷多
■ 所在國家：西班牙
■ 登錄年分：1986年
■ 主要相關人物：無

©Serafino Mozzo／Shutterstock.com

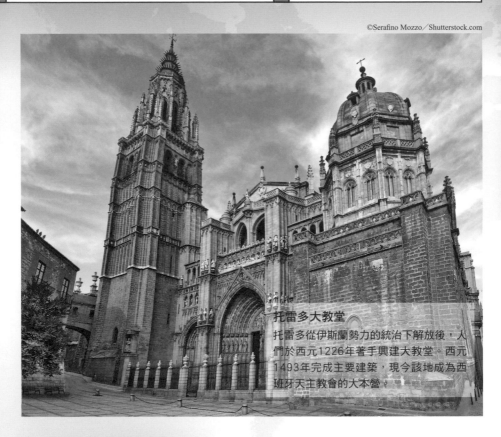

托雷多大教堂

托雷多從伊斯蘭勢力的統治下解放後，人們於西元1226年著手興建大教堂。西元1493年完成主要建築，現今該地成為西班牙天主教會的大本營。

●日耳曼民族國家的建立

西元4世紀，歐洲因日耳曼人大遷徙（⇨p.79）陷入混亂，遷徙至義大利的東哥德人、法蘭西北方的法蘭克人、法蘭西南方的西哥德人等相繼建國。到了西元6世紀，東哥德王國滅亡，倫巴底王國在北義大利建國後，民族大遷徙總算告終。

出身梅羅文加家族的克洛維，在西元481年統一法蘭克王國，透過改信被視為正統的基督教，強化和羅馬人之間的合作關係。

而原位於法蘭克王國南部的西哥德王國被克洛維奪走土地，被迫遷移到西班牙，以托雷多為首都。

西哥德國王奉獻給教會
的王冠
在托雷多發現的王冠，用
金子打造，鑲滿寶石。
©Renata Sedmakova／Shutterstock.com

●西哥德王國滅亡

以托雷多為首都的西哥德王國，統治了伊比利半島大部分地區，原本相當繁榮，然而卻遭到積極將領土從阿拉伯半島擴張至北非的伊斯蘭伍麥葉王朝入侵，於西元711年滅亡。之後，托雷多直到西元1085年被卡斯提亞王國攻陷為止，一直由伊斯蘭勢力所統治。伊斯蘭勢力直到西元十五世紀因基督教王國的復地運動，才被驅逐出伊比利半島（⇨p.127）。

現今的托雷多，可以看見從羅馬帝國時代到西哥德王國、伊斯蘭王國、卡斯提亞王國及西班牙王國時代留下的各種遺蹟。

展出王冠的聖羅曼教堂

©Renata Sedmakova／Shutterstock.com

延續千年的拜占庭帝國象徵

聖索菲亞大教堂

©Anna Jedynak／Shutterstock.com

聖索菲亞大教堂
西元6世紀時，查士丁尼大帝重建的教堂。西元15世紀在鄂圖曼帝國的統治下，建造了宣禮塔（叫拜樓、光塔），成為伊斯蘭的清真寺。

●羅馬帝國的東西分裂

　　伊斯坦堡是位於土耳其西北部的城市，它橫跨分隔歐亞兩洲的博斯普魯斯海峽。過去希臘人殖民此地，建立拜占庭，控制黑海和地中海的交通要地，也具有重要的軍事地位，希臘城邦斯巴達、雅典都曾統治該地。到了大約西元2世紀，拜占庭納入羅馬帝國的統治之下。

　　西元3世紀末，羅馬帝國皇帝戴克里先將領土分成四部分；西元324年，君士坦丁大帝再度統一，並在拜占庭建設新首都君士坦丁堡。之後，狄奧多西皇帝在西元395年將帝國分為東西兩部分，因而產生以羅馬為首都的西羅馬帝國及以君士坦丁堡為首都的東羅馬帝國（拜占庭帝國）。

　　西羅馬帝國於西元476年滅亡；而拜占庭帝國因位於東西方經濟與文化交會處，繁榮了將近一千年，延續至西元1453年才滅亡。

| 資訊 | ■ 遺產名稱：伊斯坦堡歷史地區
■ 所在國家：土耳其
■ 登錄年分：1985年
■ 主要相關人物：君士坦丁大帝、
　　狄奧多西皇帝、查士丁尼大帝 |

©Vadim Petrakov／Shutterstock.com

聖索菲亞大教堂的馬賽克壁畫（聖像畫）
馬賽克壁畫是以玻璃、石頭、貝殼裝飾牆壁和天花板的繪畫；而以耶穌、聖母馬利亞等聖像為主題的「聖像畫」尤為重要。

● 希臘正教與其文化

　　由於拜占庭皇帝自稱「神在世間的代理人」，既是基督教教會的首長，也是帝國內的最高權力者，後來演變為以拜占庭皇帝和君士坦丁堡教會為核心的希臘正教（東正教），導致西元1054年基督教教會發生東西教會正式分裂的情況。

　　此外，拜占庭帝國相當盛行研究希臘文化，由希臘古典文化與希臘正教揉和而成的獨創文化越來越發達。其中最具代表性的拜占庭風格宗教建築，以圓頂和馬賽克壁畫為特色，西元6世紀時查士丁尼大帝重建的聖索菲亞大教堂便是傑作之一。

聖索菲亞大教堂內部
天花板為高度約55公尺、直徑約31公尺的巨大圓頂，教堂被視為拜占庭宗教建築的最高傑作。

©Artur Bogacki／Shutterstock.com

基督教徒藏匿的岩山

卡帕多奇亞

資訊

■ 遺產名稱：哥樂美國家公園與
　卡帕多奇亞岩石遺址
■ 所在國家：土耳其
■ 登錄年分：1985年
■ 主要相關人物：李奧三世

©Zzvet / Shutterstock.c

卡帕多奇亞

如香菇和塔狀的岩山連綿一片。基督徒挖通岩山，隱居洞窟中。

●因火山灰產生的景觀

　　卡帕多奇亞位於現今土耳其中部，為奇異岩山相連的地區。大約三百萬年前，這一帶曾發生火山爆發，熔岩及火山灰因此堆積，形成岩石，後來，質地較軟的部分被風雨侵蝕，成了岩山。約西元3世紀，受羅馬帝國迫害的基督徒挖通卡帕多奇亞的岩山，建造教堂、居所，過著隱居生活。

●「偶像崇拜禁止令」導致東西教會對立

　　西元726年，拜占庭帝國皇帝李奧三世頒布了「偶像崇拜禁止令」。雖然基督教原本便禁止偶像崇拜[*1]，但人們依然會打造耶穌和聖母馬利亞的聖像（⇨p.83），長期崇拜聖像的西方羅馬教會極力反對此令，雙方從此水火不容。但拜占庭帝國為了與鄰近禁止偶像崇拜的伊斯蘭王國對抗，因此也嚴格禁止基督徒對聖像的崇拜[*2]。

　　羅馬天主教會自西元6世紀末開始向日耳曼人（⇨p.78）傳教，需要耶穌和聖母馬利亞的圖像或雕像。

*1 用雕像、繪畫等具體方式呈現出信仰對象並加以膜拜。

*2 基督教雖禁止偶像崇拜，但伊斯蘭禁止偶像崇拜的規定最為嚴格。

東西基督教會為此發生對立，拜占庭帝國內也發起以偶像崇拜禁止令為基礎的聖像破壞運動。

在東西教會對立的情況下，羅馬教會認為必須要有保護自身的政治勢力，因此向法蘭克王國靠攏（⇨p.100）。

●集結至卡帕多奇亞的基督徒

由於聖像破壞等運動，部分居住於拜占庭帝國的基督徒逃到卡帕多奇亞。他們與約西元3世紀安居於此的信徒後代子孫一同躲在岩洞內，打造地下城市，保護自己的信仰。

現今這一帶的亮麗自然景觀成為國家公園，結合基督徒隱居的歷史，大受好評，被登錄為世界複合遺產。

©Firdes Sayilan - Shutterstock.com

繪製於卡帕多奇亞岩洞教堂內的聖像畫
逃離羅馬帝國和拜占庭帝國打壓的基督徒，在洞窟內留下許多聖像畫。在光線影響甚少的洞窟內，聖像畫的顏色不易褪色，至今依然能看見色彩鮮豔的聖像畫。

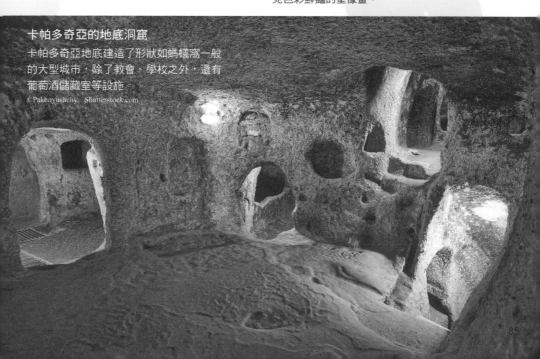

卡帕多奇亞的地底洞窟
卡帕多奇亞地底建造了形狀如螞蟻窩一般的大型城市，除了教會、學校之外，還有葡萄酒儲藏室等設施。
© Pakhnyushchy - Shutterstock.com

約4～8世紀

羅馬帝國的分裂與佛教發展

三個宗教的聖地
耶路撒冷

資訊

■ 遺產名稱：耶路撒冷古城及城牆
■ 所在國家：耶路撒冷（申請國家為約旦）
■ 登錄年分：1981年
■ 主要相關人物：大衛王、所羅門王、耶穌、先知穆罕默德

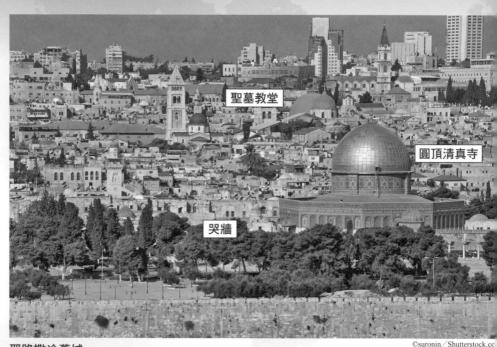

聖墓教堂

圓頂清真寺

哭牆

耶路撒冷舊城

©suronin／Shutterstock.cc

與圓頂清真寺和哭牆隔一段距離，可以看見藍色圓頂的聖墓教堂。

●成為宗教競爭的舞臺

　　位於巴勒斯坦地區的城市耶路撒冷為猶太教、基督教、伊斯蘭三個宗教的聖地，其各自信仰對象的建築物和遺蹟，皆聚集在被城牆包圍且四周約1公里的舊城內，耶路撒冷因此成為宗教競爭的舞臺。

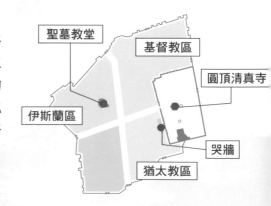

聖墓教堂

基督教區

圓頂清真寺

伊斯蘭區

哭牆

猶太教區

哭牆

● 神聖的城牆

約西元前1000年，大衛王將希伯來王國首都設於耶路撒冷，所羅門王時代則建造了耶路撒冷聖殿，收藏著刻有上帝傳下的《十誡》石板。耶路撒冷因而成為猶太人的信仰中心。直到西元前63年，耶路撒冷聖殿在羅馬統治下被徹底改造；西元70年，聖殿再遭到羅馬軍隊破壞，只留下一部分西牆，猶太人也被迫離開此地。

現今西牆又稱為「哭牆」，成為猶太教的聖地。

對著哭牆祈禱的人們
耶路撒冷聖殿遭羅馬帝國破壞，猶太人因而失去國家，族人流亡世界各地。
©Karol Kozlowski／Shutterstock.com

©Sean Pavone／Shutterstock.com

聖墓教堂

●耶穌被處刑的地點

耶穌在西元前後出現在巴勒斯坦地區，他抨擊猶太教祭司的墮落與法利賽人的墨守律法，並主張神愛世人的絕對性，提倡「鄰人之愛」＊，進行傳教活動。但他被誣告是羅馬的叛亂分子，被釘在十字架上，遭到處刑。

後來耶穌的弟子彼得和保羅等人開始四處傳教，耶穌的教義因此傳播至羅馬帝國各地。不久，各地出現基督教會，但受羅馬帝國迫害，直到西元4世紀時君士坦丁大帝頒布《米蘭赦令》，基督教才合法化。

而聖墓教堂也位於耶路撒冷，建造在耶穌被釘在十字架上遭到處刑的地方，現今是基督徒的聖地。

©OPIS Zagreb／Shutterstock.com

聖墓教堂內部
耶穌被釘在十字架上的地方設有祭壇。

＊ 基督教的根本教義之一，每個人應該以關愛自己的心情關愛他人。

聖墓教堂
君士坦丁大帝在耶穌被釘在十字架上的各各他山丘，興建聖墓教堂。

©Aleksandar Todorovic／Shutterstock.co

圓頂清真寺

● 先知穆罕默德升天之地

　　出生於阿拉伯半島麥加的穆罕默德，約西元610年蒙受唯一真神阿拉的啟示，以先知身分開始布道，創立伊斯蘭。但他遭到族人古萊氏族的迫害，遷移至北方城市麥地那，此即所謂的「聖遷」（音譯為「希吉拉」）。因為信徒增加，西元630年，他率領軍隊征服麥加，伊斯蘭開始以中東為中心向外拓展。耶路撒冷的「圓頂清真寺」裡有塊岩石，被視為先知穆罕默德升天時的出發地，現今是穆斯林（伊斯蘭信徒）的聖地。

©PPS通信社

圓頂清真寺內部的「聖岩」
據傳穆罕默德從這塊岩石上方升天。

©suronin／Shutterstock.com

圓頂清真寺
和麥加與麥地那並列的伊斯蘭聖地。

約4～8世紀

羅馬帝國的分裂與佛教發展

伍麥葉王朝的首都

大馬士革

資訊

- ■ 遺產名稱：大馬士革古城
- ■ 所在國家：敘利亞
- ■ 登錄年分：1979年
- ■ 主要相關人物：穆阿維亞

●史上第一個伊斯蘭王朝的首都

　　先知穆罕默德過世後，穆斯林在「哈里發」（先知的代理人、繼承者）的帶領下，擴張領土。到了第四代哈里發阿里的時代，敘利亞地區的總督穆阿維亞起兵叛亂，阿里在這場紛爭中遭到暗殺。西元661年，穆阿維亞創立伊斯蘭史上第一個世襲王朝——伍麥葉王朝，並將首都遷至大馬士革。

●世界上最古老的城市之一

　　大馬士革自古以來就是連接歐洲與亞洲領土的繁榮地區，也是

《舊約聖經》中記載的世上最古老城市之一。西元8世紀初，該地出現了改建基督教教會的伊斯蘭禮拜堂——伍麥葉清真寺。

　　身為商業城市的大馬士革先後被羅馬帝國、伍麥葉王朝與之後的鄂圖曼帝國統治，但作為中東的一座大城市，此地依然相當繁榮。

●侵略歐洲與滅亡

　　西元7～8世紀初，伍麥葉王朝征服北非，並從該地侵略伊比利半

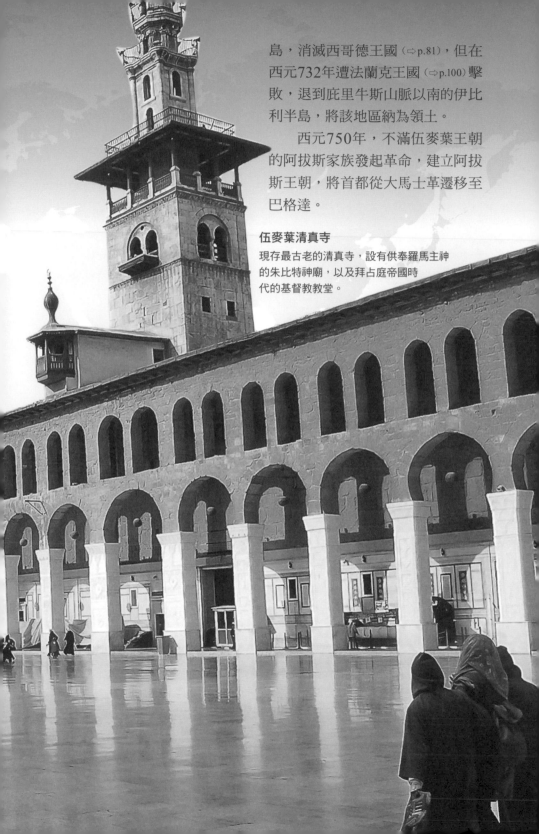

島，消滅西哥德王國（⇨p.81），但在西元732年遭法蘭克王國（⇨p.100）擊敗，退到庇里牛斯山脈以南的伊比利半島，將該地區納為領土。

西元750年，不滿伍麥葉王朝的阿拔斯家族發起革命，建立阿拔斯王朝，將首都從大馬士革遷移至巴格達。

伍麥葉清真寺

現存最古老的清真寺，設有供奉羅馬主神的朱比特神廟，以及拜占庭帝國時代的基督教教堂。

高貴典雅的笈多式佛教藝術

阿旃陀石窟寺院

●挖鑿懸崖建造而成的佛教寺院

阿旃陀位於印度西部城市孟買東北方約360公里處，散布著挖鑿懸崖建造而成的佛教石窟寺院，其約從西元前2～後2世紀開鑿，中斷好幾個世紀後，統一北印度的笈多王朝在西元5世紀進入全盛時期，從此開始至7世紀這段期間，人們才再度修建這些遺蹟。

後來此地成為廢墟，直到西元1819年被英國軍官發現，著手進行調查。

●笈多式風格與印度佛教的發展

笈多王朝時代，印度獨特的「笈多式風格」佛教藝術大為盛行，是古印度文化的黃金時期。在阿旃陀，可以看見代表笈多式風格的壁畫（⇨p.97）等藝術。

此外，中國唐朝僧侶玄奘＊曾造訪約西元7世紀的印度，於那爛陀寺學習佛法，帶著六百多部佛經回到唐朝，可知此地為佛教中心。

然而，當笈多王朝衰退之後，印度佛教與藝術不再盛行，取而代

＊ 以三藏法師聞名的僧侶，其著作《大唐西域記》後來成為《西遊記》的題材。

資訊

■ 遺產名稱：阿旃陀石窟
■ 所在國家：印度
■ 登錄年分：1983年
■ 主要相關人物：無

之的印度教成為印度宗教信仰的主
流。

●對亞洲佛教藝術造成極大影響

在阿旃陀全長約600公尺的懸
崖之間，有三十座大大小小的石
窟，石窟中保存著佛塔、佛像、裝
飾著壁畫的佛堂和僧侶們居住過的
僧房遺址等。西元5～7世紀，各地
出現許多優秀藝術作品，包括印度
古老的佛教壁畫。這些佛教壁畫技
法對其他亞洲各國造成極大影響，
包括日本和中國（⇨p.95）。

石窟內部
中央設置佛塔，旁邊的梁柱與天花板上刻有與
佛教相關的浮雕。

阿旃陀石窟寺院
在印度成為英國殖民地的時代，英國軍人在狩獵老虎時偶然發現。

中國佛教美術的變化

敦煌莫高窟

資訊

■ 遺產名稱：莫高窟
■ 所在國家：中國
■ 登錄年分：1987年
■ 主要相關人物：無

©PPS通信社

保存於莫高窟內的佛像

●世界上最大的佛教石窟寺院

位於中國西北部甘肅省的敦煌，在西漢（西元前202～後8年）時代為軍事據點，不久後發展為絲路（⇨p.132）的中繼據點。位於郊外的莫高窟約從西元4世紀開始建造，耗時約一千年，是世界上最大型的佛教石窟寺院，現存七百三十五座石窟。

●因分裂而外傳的佛教

西元前後，佛教發起新運動。過去的上座部佛教（又稱小乘佛教）重視自身修行，後來則出現不僅要自身修行，且重視拯救世人的大乘佛教。

佛教因而分成南北地區，向外拓展，尤其是大乘佛教，經由西藏、中亞的健馱邏等地，流傳至中國、日本等東亞地區。

●隨著時代改變的藝術風格

藉由莫高窟的佛像和壁畫，可以了解大乘佛教流傳至中國後發生什麼變化。該地留下不少各種時代的佛像和壁畫，而佛像服裝、裝飾品、技法根據時代而有所不同。

西元1900年，莫高窟內發現超過五萬件以上的經典、文書及繪畫等文物，被稱為《敦煌文書》。

九層樓
高度40公尺的石窟寺院。內部建有高達33公尺的
大佛，為莫高窟的中心。

經由絲路傳到日本的文化

自西元前開始，人們會在連接歐洲及東亞的
「絲路」（⇨p.132）上進行東西貿易與文化交流。
而經過絲路從中國、朝鮮流傳至日本的文化和技術中，
除了印度和西亞之外，也有部分文物受到歐洲等國的影響。

正倉院

資訊

- ■ 遺產名稱：古奈良的歷史遺蹟
- ■ 所在國家：日本
- ■ 登錄年分：1998年
- ■ 主要相關人物：聖武天皇

　　西元710年，日本在現今奈良地區設置首都平城京，這一帶興建非常多的佛教寺院。其中，坐擁大佛的東大寺裡設有收藏各種寶物的「正倉」（倉庫，所有正倉合稱「正倉院」）。除了平城京之外，各地衙門和寺院等地皆有正倉，但只有東大寺的正倉院保留至今。透過絲路從亞洲各國流傳至日本的許多重要文化財產都由正倉院保管，可以得知日本與海外文化交流相當熱絡。

©663highland／Wikimedia Commons

**東大寺（上）與
正倉院（下）**

位於日本奈良市的東大寺，在院內後方建造了一座「正倉院」，專門收藏日本皇室和中國唐代的珍貴文物。

©z tanuki／Wikimedia Commons

法隆寺

資訊
■ 遺產名稱：法隆寺地區的佛教建築群
■ 所在國家：日本　■ 登錄年分：1993年
■ 主要相關人物：推古天皇、聖德太子
　（廄戶皇子）

位於奈良縣的法隆寺，始於西元607年推古天皇和聖德太子建造的佛教寺院。由於火災被燒毀之後，寺院遷移至院內別處，並重建五重塔等各式建築物。據說，該建築樣式與佛像、壁畫等皆受到亞洲及古希臘影響。

法隆寺金堂壁畫的描摹（一部分）
© 法蔵尊像

©David Evison／Shutterstock.com

法隆寺金堂的還原壁畫（左）及阿旃陀石窟寺廟的壁畫（右）
西元1949年因火災遭燒毀的法隆寺金堂壁畫與印度阿旃陀石窟寺院（⇨p.92）中繪製的壁畫極為相似，因此有受到印度影響之說。照片中的金堂壁畫為還原品。

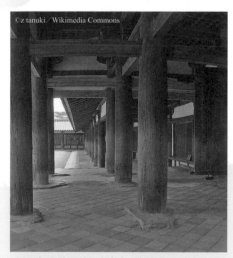

©z tanuki／Wikimedia Commons

©PPS通信社

法隆寺迴廊梁柱（左）與希臘神殿的列柱（右）
有一說認為迴廊及五重塔的梁柱皆採用希臘建築技法，藉由膨脹中央部分，消除柱子中央看起來很細的錯覺，具有讓梁柱外觀穩固的效果。

6章

約8～12世紀

中世紀西歐世界的形成與伊斯蘭世界的擴張

　　先知穆罕默德過世後，穆斯林選出後繼者哈里發，大為擴張領土，伊斯蘭世界就此建立。不久，阿拔斯王朝建立的伊斯蘭帝國分裂，各地出現獨立的伊斯蘭王朝。另一方面，為了與拜占庭帝國對抗，羅馬教宗加冕法蘭克王國的查理曼為羅馬皇帝，以日耳曼人和基督教為中心的中世紀西歐世界因此揭開序幕。

亞琛大教堂

德國　　　P.100

愛資哈爾清真寺

埃及　　　P.104

**禮拜五清真寺
（聚禮清真寺）**

伊朗　　　P.108

馬拉喀什

摩洛哥　　P.106

哥多華歷史中心

西班牙　　P.102

©Tom Roche／Shutterstock.

726年	拜占庭帝國皇帝李奧三世頒布「偶像崇拜禁止令」，造成東西教會對立。
732年	伊斯蘭勢力的伍麥葉王朝侵略伊比利半島，引發圖爾戰役。
756年	伊比利半島建立後伍麥葉王朝。
786年	阿拔斯王朝第五代哈里發哈倫・拉希德繼位，開創阿拔斯王朝鼎盛時期。
800年	查里曼加冕，復興「羅馬帝國」。
870年	法蘭克王國因《凡爾登條約》（西元843年）與《墨爾森條約》（西元870年）分裂成三個國家（日後的法國、德國、義大利）。
932年	伊朗裔的布維西王朝建立，於西元946年進攻巴格達。
960年	趙匡胤（宋太祖）建立宋朝（北宋）。
962年	奧托一世加冕，神聖羅馬帝國成立。
987年	法蘭西建立卡佩王朝。
1066年	攻占英格蘭的諾曼第公爵威廉即位，建立諾曼王朝。

©holbox／Shutterstock.com

約8～12世紀

中世紀西歐世界的形成與伊斯蘭世界的擴張

法蘭克王國的發展與復興「羅馬帝國」

亞琛大教堂

●法蘭克王國的發展

　　加洛林家族出身的法蘭克王國宮相*查理·馬特在西元732年的圖爾戰役中擊敗伊斯蘭軍隊，保護西歐免於伊斯蘭化，其子丕平三世得到羅馬教宗的支持創立了加洛林王朝。

　　丕平之子查理曼擊敗北德意志的撒克遜人、北義大利的倫巴底王國、盤據東歐的亞洲遊牧民族阿瓦爾人，將西歐主要地區納入法蘭克王國管轄。

* 負責管理國王領地的最高官職。

©PPS通信社

查理曼的黃金雕像
保存於亞琛大教堂，王冠和衣服上鑲滿寶石。

亞琛大教堂的外觀

©r.classen／Shutterstock

教堂的圓頂狀天花板
王室禮拜堂呈現八角形。

©matthi／Shutterstock.com

● 復興「羅馬帝國」

西元800年，羅馬教宗李奧三世加冕查理曼為羅馬皇帝，復興「羅馬帝國」。查理曼將首都遷至現今德國西部的亞琛，著手興建雄偉的宮殿和大教堂，亞琛大教堂即在西元805年落成。

● 法蘭克王國的分裂與衰退

查理曼之子路易一世過世後，法蘭克王國因《凡爾登條約》（西元843年）與《墨爾森條約》（西元870年）分裂成東法蘭克、西法蘭克與義大利三個國家，成為日後德國、法國和義大利的國家雛型。

其中，東法蘭克王國在西元10世紀初由薩克森家族繼承王位，第二代國王奧托一世成功擊退入侵的馬札爾人，羅馬教宗於西元962年任命他為羅馬皇帝，神聖羅馬帝國就此誕生。於是，亞琛大教堂也成為歷代神聖羅馬帝國皇帝進行加冕（登基）儀式的場所。

亞琛大教堂的祭壇

©vvoe／Shutterstock.com

後伍麥葉王朝的統治與復地運動的開端

哥多華歷史中心

中世紀西歐世界的形成與
伊斯蘭世界的擴張

●伊斯蘭勢力的據點

西元8世紀初，伊斯蘭勢力伍麥葉王朝消滅了西哥德王國，統治伊比利半島，但遭到阿拔斯家族推翻，倖存的王族逃到伊比利半島，並在西元756年建立後伍麥葉王朝，將哥多華設為首都。後來哥多華成為歐洲的伊斯蘭勢力據點，大為繁榮，到了西元10世紀已成長為人口多達十萬人的大城市，清真寺林立。

●復地運動展開

另一方面，基督教勢力為了取回伊比利半島，持續進行「復地運動」的戰爭。西元1031年，後伍

©Tupungato／Shutterstock.com

資訊	■ 遺產名稱：哥多華歷史中心
	■ 所在國家：西班牙
	■ 登錄年分：1984年
	■ 主要相關人物：無

麥葉王朝滅亡，留下許多獨立的伊斯蘭小國。而到西元12世紀為止，基督徒在收復的國土上陸續建立卡斯提亞王國、亞拉岡王國和葡萄牙王國。

伊比利半島北部再度成為基督教國家的領土，西元1236年，卡斯提亞王國成功奪取伊斯蘭勢力的

©Tupungato / Shutterstock.com

清真寺內部的「米哈拉布」（右下）

哥多華的大清真寺與羅馬橋（前方）

中心城市哥多華。

●兩種文化交融的建築物

自西元8世紀初開始約五百年間，哥多華是伊斯蘭勢力的大城市，伊斯蘭文化相當盛行。

其代表建築物為哥多華的大清真寺，建築物內部打造了伊斯蘭特有的馬蹄形拱門和馬賽克裝飾，禮拜房內還有名為「米哈拉布」（朝向麥加方向的壁龕）的設施，用來指引麥加卡巴天房的方向。

哥多華歷史中心可以看見融合伊斯蘭文化和西哥德王國、拜占庭帝國文化的獨特風格。

伊斯蘭世界的中心地

愛資哈爾清真寺

●從伍麥葉王朝到阿拔斯王朝

先知穆罕默德過世後，哈里發成為穆斯林領導人，伊斯蘭勢力開始向外擴張。在西元7世紀建立的伍麥葉王朝，到了西元8世紀初，往東征服中亞、印度西部，往西征服了北非。身為統治者的阿拉伯人有極高的特權，即使被征服的異族成為伊斯蘭改宗者，仍被課徵土地稅和人頭稅。伍麥葉王朝的政策違背了提倡「所有信眾皆平等」的

《古蘭經》，批判聲浪日漸高漲，導致阿拔斯家族發動革命，推翻該王朝，於西元750年建立阿拔斯王朝，第二代哈里發曼蘇爾更在底格里斯河畔興建一座圓城首都——巴格達。

●伊斯蘭帝國的分裂

阿拔斯王朝以伊斯蘭教法施政，開創了繁榮約兩百年之久的「伊斯蘭帝國」。

©PPS通信社

愛資哈爾清真寺
建立後不久成為大學，自阿尤布王朝時代起，成為伊斯蘭順尼派的信仰與學問中心。

©hakuna_jina／Shutterstock.com

資訊

■ 遺產名稱：歷史開羅
■ 所在國家：埃及
■ 登錄年分：1979年
■ 主要相關人物：薩拉丁

愛資哈爾清真寺的中庭

西元10世紀初，什葉派＊分支在埃及建立法蒂瑪王朝，西元969年在尼羅河東岸設置新首都開羅，並在該地興建愛資哈爾清真寺，附設伊斯蘭學院「馬德拉沙」，之後成為研究伊斯蘭法學等知識的最高學府——愛資哈爾大學，是全世界最古老的大學。

● 伊斯蘭世界的中心

西元11世紀，從中亞侵略西亞的塞爾柱王朝進軍巴格達，阿拔斯王朝的哈里發賜其蘇丹（統治者）的稱號。他們接著攻擊拜占庭帝國而引發第一次十字軍東征（➪p.119）。

在埃及地區，西元1169年庫德人薩拉丁推翻法蒂瑪王朝，建立阿尤布王朝，在西元1187年時擊敗第二次十字軍，奪回聖地耶路撒冷。但後來馬姆魯克（奴隸騎兵）軍隊的勢力逐漸增強，西元1250年便推翻阿尤布王朝，建立馬姆魯克王朝。

開羅身為法蒂瑪王朝、阿尤布王朝和馬姆魯克王朝的首都，取代巴格達，成為伊斯蘭世界的政治、經濟、文化中心。

＊ 和順尼派同為伊斯蘭的兩大教派。

©Alberto Loyo／Shutterstock.com

愛資哈爾清真寺內部
建築物由三百七十五根石柱所支撐。

北非的伊斯蘭世界

馬拉喀什

資訊

- 遺產名稱：馬拉喀什舊城
- 所在國家：摩洛哥
- 登錄年分：1985年
- 主要相關人物：無

●伊斯蘭世界的分裂

西元10世紀初，什葉派分支在埃及建立法蒂瑪王朝，統治者自稱為先知穆罕默德的後繼者哈里發，於是伊比利半島的後伍麥葉王朝統治者也用哈里發之名與之對抗，包括原本自稱哈里發的阿拔斯王朝在內，伊斯蘭世界呈現分裂的狀態。

接著，伊朗裔的軍事政權布維西王朝建立，不僅從阿拔斯王朝接

©Cortyn／Shutterstock.com

庫圖比亞清真寺的宣禮塔
西元12世紀中葉，穆瓦希德王朝所建，整個街道都能看見高度約77公尺的宣禮塔。

阿格諾門
約西元1150年興建，連接進入宮殿的道路。

下總領稱號，更從哈里發手中奪取實權。而伊比利半島上的後伍麥葉王朝採納巴格達盛行的學問和文化，發展出先進的伊斯蘭文化，對歐洲文化帶來極大影響。

●柏柏人的伊斯蘭王朝

北非原住民柏柏人改信伊斯蘭後，先後建立了穆拉比特和穆瓦希德兩個王朝。

馬拉喀什在西元11世紀後半成為穆拉比特王朝的新首都，發展為政治、經濟、文化中心。但西元12世紀前半穆瓦希德王朝建立，於西元1147年推翻穆拉比特王朝，此地便成為穆瓦希德王朝的首都。

●伊比利半島僅存的伊斯蘭勢力

此時，伊比利半島的基督徒正積極推動復地運動，便與上述兩個王朝展開爭鬥。伊斯蘭王朝雖入侵伊比利半島，卻沒有平息基督徒的氣勢。

因此，以格拉納達和周邊地區為領土的納斯里王朝，成為伊比利半島上僅存的伊斯蘭勢力，直到西元1492年遭到西班牙王國攻擊後滅亡（⇨p.127）。

中亞清真寺建築的典範

禮拜五清真寺（聚禮清真寺）

●馬姆魯克與塞爾柱王朝

從伍麥葉王朝手中奪取哈里發之位的阿拔斯王朝，自西元9世紀初開始，將擅長騎馬的突厥奴隸拔擢為哈里發的親衛隊，他們成為伊斯蘭的改宗者，之後被稱為「馬姆魯克」，是非常優秀的騎兵。

西元11世紀初，突厥人在中亞建立塞爾柱王朝，同樣組織馬姆魯克，擴張領土。西元1055年，塞爾柱王朝建立者圖赫里勒‧貝格擊潰伊朗裔布維西王朝，從阿拔斯王朝得到蘇丹的稱號，對伊斯蘭世界行使權力。

位於伊斯法罕的禮拜五清真寺，自西元841年開始興建，是中亞清真寺建築的典範。以塞爾柱王朝為首，歷代伊斯蘭王朝建築樣式皆流傳至今。

禮拜五清真寺的中庭
中庭四方由「伊萬」（指用拱頂式覆蓋，其中一邊對外開放，其他三邊為牆壁的空間結構設計）包圍的伊朗獨特建築風格。

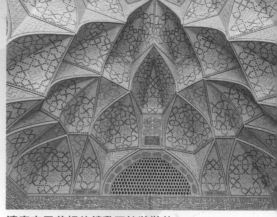

清真寺天花板的鐘乳石柱狀裝飾
©NICOLA MESSANA PHOTOS／Shutterstock.com

資訊
- ■ 遺產名稱：伊斯法罕禮拜五清真寺
- ■ 所在國家：伊朗
- ■ 登錄年分：2012年
- ■ 主要相關人物：圖赫里勒・貝格、
  合贊

●塞爾柱王朝侵略西亞

　　塞爾柱王朝以伊斯蘭順尼派的名號向西亞拓張領土。由於什葉派的法蒂瑪王朝於首都開羅設置愛資哈爾大學（⇨p.105），塞爾柱為了與之競爭，也在伊斯法罕、巴格達等主要城市設置馬德拉沙，研究順尼派法學，努力培育優秀人才。

●往亞洲擴大的伊斯蘭世界

　　另一方面，約西元10世紀中葉，突厥人在中亞和阿富汗地區分別建立了喀喇汗國和伽色尼王國。西元10世紀末，伽色尼王國以獲得新領土為目標侵略北印度，而在西元12世紀中葉從伽色尼王國脫離、獨立出來的古爾王朝也不斷入侵印度，擊潰印度教各王國。

　　此外，蒙古帝國的旭烈兀進攻西亞，於西元1258年攻陷巴格達，推翻阿拔斯王朝，建立伊兒汗國。第七代君主合贊以伊斯蘭為國教，興建清真寺等建築，於是伊斯蘭世界逐漸往東西方擴大。

©Thedrunkenship／Dreamstime.com

因印度教與佛教而繁榮的吳哥王朝寺廟

吳哥窟

●繁榮於湄公河流域的王朝

在東南亞地區，許多王朝受印度佛教與印度教影響，不斷出現又滅亡。

約在西元6世紀後半，深受印度教影響的高棉人在湄公河中游流域建立了柬埔寨（中國名為「真臘」）。

西元9世紀，柬埔寨吳哥王朝進入鼎盛時期，首都設於吳哥，統治整個中南半島，繁榮了六百年。至今，在吳哥遺址中的400平方公里範圍內，保存六百座以上的石造建築。

被護城河包圍的吳哥窟
「吳哥」為王都之意，「窟」指寺廟。

資訊	■ 遺產名稱：吳哥
	■ 所在國家：柬埔寨
	■ 登錄年分：1992年
	■ 主要相關人物：蘇利耶跋摩二世、闍耶跋摩七世

● 因國王而改變的國家宗教

西元12世紀前半，蘇利耶跋摩二世登基，耗費三十年興建供奉印度教神明的寺廟「吳哥窟」，後來成為佛教寺廟。到了西元12世紀末，身為虔誠佛教徒的闍耶跋摩七世登基後，就在吳哥城內興建了塔普倫寺、寶劍寺、巴戎寺等。

©panyajampatong／Shutterstock.com

吳哥城

城的原文「Thom」為「大」之意，身為佛教寺廟核心的巴戎寺中，林立著五十四座大型四面佛頭像。

● 因佛教繁榮的王朝

西元11世紀，蒲甘王國於伊洛瓦底江中游建立，在與斯里蘭卡交流下，深受上座部佛教影響。繁榮於西元6～11世紀，由孟族在昭披耶河（湄南河）下游建立的陀羅鉢地王國，以及西元13世紀時建立於現今泰國北部的泰國最古老王國素可泰王國，皆受上座部佛教（⇨p.94）影響。

另一方面，在印尼周遭一帶，西元7～14世紀時，以蘇門答臘島南部為中心的大乘佛教國家三佛齊王國因海上貿易而繁榮；爪哇島上則是在西元8世紀出現大乘佛教國家夏連特拉王國和印度教國家馬打藍王國。從夏連特拉王國建造的大規模佛教寺院「婆羅浮屠」，可以緬懷當時的繁榮盛況。

©Tom Roche／Shutterstock.com

中美洲留下的古代文明遺蹟

奇琴伊察

資訊

- 遺產名稱：前西班牙城市奇琴伊察
- 所在國家：墨西哥
- 登錄年分：1988年
- 主要相關人物：無

中世紀西歐世界的形成與伊斯蘭世界的擴張

●美洲原住民建立的古代文明

　　約西元前2000年開始，人們在現今中南美洲周邊栽培玉米、馬鈴薯、辣椒、番茄、可可等作物，發展出獨特的文化。到了西元前1200年，墨西哥灣沿岸建立了與其他大陸不同的古代文明「奧爾梅克文明」。

●中美洲的文明

　　約西元前1000年，猶加敦半

©Subbotina Anna／Shutterstock.co

奇琴伊察附近的石灰岩坑（地下泉）
在馬雅語中，奇琴代表「井邊」，伊察則代表「魔術師」。而該遺蹟就位於石灰岩坑上方。

擁有九層階梯狀金字塔的馬雅神殿
最上層是祭祀羽蛇神的神殿。四邊各有九十一層階梯，和最上面一層合起來為三百六十五階，意指一年。

島出現馬雅文明，發展出金字塔神殿、先進的天文學、精密的曆法和馬雅文字等，奇琴伊察就是馬雅文明的遺蹟。

而在墨西哥高原，西元前1～後6世紀出現特奧蒂瓦坎文明；西元10～12世紀則發展出托爾特克文明。約西元13世紀，北方的阿茲特克人遷移至此，於西元14世紀建立阿茲特克帝國，並在特斯科科湖的小島上建造了繁榮的首都特諾奇提特蘭。

阿茲特克帝國降服周遭民族，累積巨大財富，延續至西元16世紀，直到被登陸猶加敦半島的西班牙人科爾特斯征服，於西元1521年滅亡（⇨p.164）。

戰士神殿中央的查克穆爾雕像
為了獻祭給太陽而捧著人類心臟。

金字塔階梯下方的羽蛇神頭部
春分和秋分時，因金字塔上出現的影子，可以看見如蛇一般的羽蛇神身影。

平安時代的日本與世界

唐朝首都長安透過絲路和歐洲、伊斯蘭各國交易，
發展成融合各種宗教與文化的國際城市。
為了建立強大的中央集權國家，西元7世紀後半，
日本正式採納中國的政治制度與文化，
出現了學習唐朝首都長安而建的藤原京、
平城京、長岡京、平安京等中國式城市。

古京都的歷史遺蹟

資訊

■ 遺產名稱：古京都的歷史遺蹟（京都、宇治、大津）
■ 所在國家：日本　■ 登錄年分：1994年
■ 主要相關人物：無

　　西元794年，日本首都遷移至平安京，並以此為中心，發展遣唐使所帶回的中國學問等文化。例如，西元804年搭著遣唐使船前往唐朝的最澄，將新佛教從唐朝傳至日本，並在比叡山延曆寺開創天台宗。同樣搭船抵達唐朝的空海，則學習密教回國，嵯峨天皇賜予空海平安京的教王護國寺（東寺），成為真言宗總道場，廣受皇室和貴族尊敬。

　　遣唐使從唐朝帶回日本的文化不只佛教。嵯峨天皇採納中國的儀式和風俗，任用通曉唐詩、文學的貴族與教養豐富的文人，於是，中國儒學、歷史和文學學問在日本盛行，在皇族、貴族子弟學習的國學及地方私塾皆有授課。

　　然而，進入西元9世紀，唐朝財政問題與內亂不斷，日本認為沒

©ばちょび／Wikimedia Commons

遣唐使船重建品

有必要冒著危險派遣遣唐使，故於西元894年起停止派遣。後來，日本發展出融合本國社會與風俗民情的假名文字、日記文學、故事文學等獨特的日本文化。

　　直至江戶時代前，京都皆為日本首都，時間長達一千多年，相當繁榮，它以平安時代建築為中心的十七座寺院、神社、古城登錄於世界遺產名錄中。

成為世界遺產的主要歷史遺蹟

醍醐寺

於西元9世紀後半建造的寺廟。西元951年為了慶祝醍醐天皇冥福而建立的五重塔，是現存於京都府中最古老的木造建築。

教王護國寺

以東寺聞名的教王護國寺，是在建造平安京時為了保護國家所建設的寺廟，後於西元823年賜給從唐朝回國的空海，因而成為真言宗的寺廟。

平等院

原為藤原道長的別墅，其子賴通在西元1052年時改建為寺廟，隔年阿彌陀堂（鳳凰堂）完工。日本十元硬幣上畫的就是鳳凰堂。

平等院　　　©Mamusi Taka／Wikimedia Commons

延曆寺

西元8世紀末，由廣傳天台宗的最澄所建，後來日本佛教各宗派的始祖法然、榮西、親鸞、道元、日蓮等都在此地修行。

清水寺

西元8世紀末，僧侶賢心（延鎮）和坂上田村麻呂合作建造的寺廟。由於本堂建於崖邊，向外推出去，故又有「清水舞臺」之稱，相當知名。

©Zairon／Wikimedia Commons
清水寺

仁和寺

光孝天皇建造的寺廟。西元9世紀末金堂（主殿、大廳）完工，被命名為仁和寺。因皇子和皇孫成為僧侶，故又稱為「御室御所」。曾在應仁之亂的火災中被燒毀，於西元17世紀重建。

宇治上神社

供奉應神天皇、仁德天皇等人的神社。據傳本殿為平安時代後期所建，為日本現存神社建築中歷史最悠久者。

十字軍與東西貿易

7章

約12～14世紀

　　西元11世紀，突厥裔的塞爾柱王朝將基督教聖地耶路撒冷納入統治範圍，衰退的拜占庭帝國皇帝不得不尋求羅馬教宗的協助。為了收復聖地，他們派遣十字軍，一度奪回耶路撒冷，但又再度被伊斯蘭勢力搶回去。十字軍雖多次遠征，卻依然沒有達成收復聖地的目的。另一方面，東西方交流因十字軍東征而熱絡，商業與貿易發達。

聖米歇爾山	
法國	P.124

蘭斯大教堂	
法國	P.122

哈拉和林	
蒙古	P.130

威尼斯	
義大利	P.118

亞維儂教宗宮	
法國	P.120

絲路	
哈薩克/吉爾吉斯/中國	P.132

阿罕布拉宮	
西班牙	P.126

阿卡	
以色列	P.128

©Ilia Torlin／Shutterstock.com

116

1099年	第一次十字軍從塞爾柱王朝手中奪取耶路撒冷,建立耶路撒冷王國。
1187年	阿尤布王朝的薩拉丁奪回耶路撒冷。
1198年	羅馬教宗英諾森三世上任。
1202年	第四次十字軍東征,應威尼斯要求,占領君士坦丁堡。
1206年	成吉思汗建立蒙古帝國。
1215年	英格蘭約翰王承認《大憲章》,成為立憲政治的基礎。
1241年	蒙古軍隊在列格尼卡戰役中擊敗德意志和波蘭的聯軍。
1271年	蒙古帝國的忽必烈大汗建國號為元。
1299年	突厥人建立伊斯蘭勢力的鄂圖曼帝國。
1302年	法國召開由神職人員、貴族、平民代表組成的三級會議。
1337年	英格蘭和法國之間爆發百年戰爭(~西元1453年)。
14世紀中葉	黑死病大流行,歐洲人口減少約三分之一。

京杭大運河
中國　　　P.134

©Zhao jian kang／Shutterstock.com

嚴島神社
日本　　　P.136

©Butch／Wikimedia Commons

117

威尼斯

因東方貿易而繁榮的水上城市

資訊

■ 遺產名稱：威尼斯及其潟湖
■ 所在國家：義大利
■ 登錄年分：1987年
■ 主要相關人物：無

●因貿易而發達的水都

　　位於義大利半島北方的威尼斯，是由亞得里亞海北端淺灘（潟湖）的一百多個小島所組成的水都，為羅馬晚期外族入侵時，當地居民的避難所。西元6世紀中葉，日耳曼民族倫巴底人攻打義大利，成功脫逃的居民在西元697年建立擁有自治權的威尼斯共和國，隸屬拜占庭帝國。自西元10世紀起，由於威尼斯漁業和海上貿易發達，在拜占庭帝國逐漸沒落下，被賦予防衛亞得里亞海沿岸的重任，並得到拜占庭帝國領土內的貿易特權。

　　於是，威尼斯成為擁有火力強大的艦隊和商船的城市，更是東方（黎凡特）貿易的據點。

©BlueMoonStore／Shutterstock.c

聖馬可大教堂與前方的聖馬可廣場
聖馬可大教堂建於西元9世紀，後因火災燒毀，現今建築物為西元11世紀所建。由於地層下陷，有時候漲潮就會像照片中顯示這般，廣場中浸滿了水。

從聖馬可廣場的鐘樓可看見運河和對岸
©kavalenkava volha／Shutterstock.com
照片右側的圓頂建築為巴洛克式風格的安康聖母教堂。

●東方貿易與十字軍東征

「黎凡特」意指從西歐所見的「太陽升起之地」，也就是地中海東岸小亞細亞和敘利亞一帶。歐洲從這些地方進口穆斯林商人從亞洲地區帶來的物品，如肉類料理中不可或缺的胡椒等辛香料和絹織品、寶石，並從歐洲出口毛織品、白銀與銅等。

西元11世紀後半，伊斯蘭勢力的塞爾柱王朝向地中海東岸拓展，威脅拜占庭帝國，歐洲諸國因而發起十字軍東征。

為此，物資運送變得活絡，威尼斯、熱那亞、比薩等義大利沿岸的港灣城市都成為東方貿易的據點，大為繁榮。

●威尼斯的衰退

威尼斯在十字軍東征時代，透過物資運送和貿易獲得極大利益，加上西元1202年第四次十字軍東征時，軍隊因應威尼斯商人要求，占領了身為貿易對手的君士坦丁堡，並於西元1204年建立拉丁帝國；威尼斯因而將商業圈拓展至地中海東部。但西元1453年鄂圖曼帝國消滅拜占庭帝國後（⇨p.156），開始入侵黎凡特地區，嚴重威脅威尼斯的利益。

接著，到了西元15世紀末，葡萄牙人瓦斯科·達伽馬沿著非洲南端開拓印度航線，取代東方陸路貿易，成為歐洲各國和亞洲直接貿易的管道，於是威尼斯便逐漸沒落。

羅馬教宗權威衰退的象徵

亞維儂教宗宮

●王權擴大與教宗權威衰退

　　約自西元11世紀開始，西歐生產力隨著農業技術的進步而提高，農民可以藉由買賣農產品來增加財富，經濟方面也穩定下來。但到了西元14世紀，農作物欠收、饑荒、黑死病大流行和持續不斷的戰爭，使農民人口減少。領主們（諸侯和騎士等）若要確保勞動力充足，應該提高農民的待遇，但他們卻想重振農奴制度，於是大規模農民起義爆發，領主迅速失去力量，王權因而擴大。

　　另一方面，羅馬教宗權威因十字軍東征失敗、王權擴大而衰退。西元13世紀末，想重振教宗權威的鮑尼法斯八世，與企圖向聖職者徵稅的法國國王腓力四世產生衝突，

©milosk50／Shutterstock.com

亞維儂教宗宮
「教宗的巴比倫囚虜」時期居住的地方，為大規模的哥德式風格宮殿。

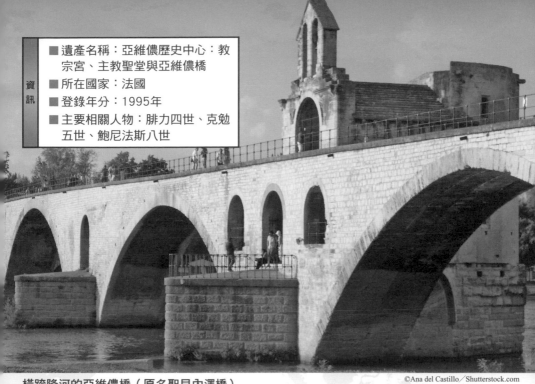

■ 遺產名稱：亞維儂歷史中心：教宗宮、主教聖堂與亞維儂橋
■ 所在國家：法國
■ 登錄年分：1995年
■ 主要相關人物：腓力四世、克勉五世、鮑尼法斯八世

資訊

橫跨隆河的亞維儂橋（原名聖貝內澤橋）
自西元12世紀完工以來，遭遇多次洪水，還被當成歌曲題材。

©Ana del Castillo／Shutterstock.com

教宗遭到腓力四世所擒，羞憤而死，被稱為「阿納尼事件」。之後，教宗克勉五世得到腓力四世支持即位，但西元1309年，腓力四世將原本的羅馬教廷遷至南法的亞維儂，把教宗納入法國國王的統治範圍內長達約七十年，該事件被後人稱為「教宗的巴比倫囚虜」[1]。

● 教會大分裂與對教會的批判

西元1378年，教宗終於回到羅馬，但亞維儂卻另立教宗，雙方都主張自己才是管理教會的最高權力者，形成西方教會大分裂，羅馬教宗的權威因此衰退。

西元14世紀後半，英國的威克里夫主張《聖經》才是最高權威，批判教會偏離教義；波希米亞的胡斯則對此表示認同，進而嚴厲批判教會。神聖羅馬帝國皇帝召開康士坦茲大公會議，作出不認同上述兩位改革先鋒的決定，胡斯被視為異端[2]，遭判決受火刑處死，但教宗的權威仍未恢復，不久後更引發宗教改革（⇒p.148）。

*1 西元前6世紀，新巴比倫王國攻打猶大王國的耶路撒冷，將希伯來人（猶太人）擄往巴比倫，史稱「巴比倫囚虜」，此事件是用來比喻。
*2 與天主教教會認定的正統信仰、教義有出入的邪說或信眾。

法國國王登基之地

蘭斯大教堂

資訊

■ 遺產名稱：蘭斯的蘭斯大教堂、聖雷米修道院和塔烏宮
■ 所在國家：法國
■ 登錄年分：1991年
■ 主要相關人物：克洛維、愛德華三世、查理七世、聖女貞德

●百年戰爭的開端

　　法國企圖將長期以來便是重要的毛織品產地弗蘭德（以英文發音「法蘭德斯」聞名）地區納入管轄，遂與出口羊毛到弗蘭德地區的英格蘭產生衝突。西元14世紀，法國卡佩王朝斷絕，進入瓦盧瓦王朝時代，英格蘭國王愛德華三世因母親具有卡佩家族血統，主張自己也有法國王位的繼承權，最終在西元1337年，演變成英格蘭和法國的百年戰爭。

©Pecold／Shutterstock.com

蘭斯大教堂（蘭斯聖母院）
西元5世紀末，克洛維以法蘭西王國國王的身分，首度在蘭斯改信基督教，後來歷代法國國王都在此舉行加冕典禮。

開戰初期，英格蘭軍隊在北法的克雷西會戰中擊敗法國軍隊，加上愛德華三世之子「黑太子」愛德華表現活躍，不但俘虜了法國國王約翰二世，還成功奪走法國西南部。另一方面，法國國內爆發了黑死病和扎克雷起義（農民起義），社會陷入混亂。

後來法國太子查理（日後的查理五世）平定叛亂，阻止英軍進攻，愛德華三世遂以領土作為交換，放棄法國王位繼承權，兩國也長期休戰。

聖雷米教堂及修道院
西元11～12世紀建造的羅馬式（又稱羅曼式）聖堂，建於為克洛維受洗的大主教墓地。

©Anton_Ivanov／Shutterstock.com

仰望蘭斯大教堂的
聖女貞德像

©Romas_Photo／
Shutterstock.com

●重啟戰爭與聖女降臨

西元1415年，英格蘭再度侵略法國，占領其北部領土，使法國陷入危機。而化解這次危機的人便是聖女貞德，她在得到神啟後，率領法軍解放被英軍包圍的奧爾良，重振法軍氣勢，查理七世因此能在蘭斯大教堂（蘭斯聖母院）舉行加冕典禮。後來聖女貞德遭英軍俘虜，被宗教法庭判為女巫，處以火刑。西元1453年，法國贏得這場長達百年的戰爭，除了北部加萊之外，英格蘭從全法領土撤軍。

百年戰爭中成為要塞的修道院

聖米歇爾山

●建於聖山上的修道院

法國北部有一座靠近海灣的岩石小島「聖米歇爾山」（法文為「聖米迦勒山」），修道院就位於距離海灣約5公里的山頂。退潮時，岩山與陸地相連，漲潮時就會形成島嶼。在許多基督徒造訪該聖地的時代，據說不少人被漲潮時的激烈潮流吞噬，失去性命。

根據傳說，修道院興建於西元8世紀時居住在此地的主教奧伯特，他在夢中聽聞大天使米迦勒的授意，於是在岩山上建立教堂。

謠傳教堂完工後，此地就發生

©prochasson frederic／Shutterstock.com

漲潮時的聖米歇爾山

資訊	■ 遺產名稱：聖米歇爾山及其海灣 ■ 所在國家：法國 ■ 登錄年分：1979年 ■ 主要相關人物：無

海嘯，岩山在一夕之間成為島嶼。

退潮時的聖米歇爾山

●天然要塞

西元10世紀後，島上頻繁進行改建工程，充滿羅馬式、哥德式等風格的建築物。

西元14世紀英法百年戰爭（⇨ p.122）展開，英軍占領附近的無人島，逼近聖米歇爾山，修道院因此關閉，人們轉而建設城牆和塔，形成現今要塞的模樣。

西元16世紀爆發宗教戰爭時，天主教軍隊躲在聖米歇爾山，擊退新教徒軍隊。西元18世紀末法國大革命爆發時，此地一度成為監獄。

聖米歇爾修道院的迴廊和庭園

伊斯蘭文化在伊比利半島上的最後光輝

阿罕布拉宮

●伊斯蘭勢力的最後據點

自西元8世紀以來，伊比利半島北部便由伊斯蘭勢力統治，但因基督教國家的復地運動，在西元12世紀，此地陸續出現基督教國家納瓦拉王國、卡斯提亞王國、亞拉岡王國和葡萄牙王國。至於半島南部，在後伍麥葉王朝之後，伊斯蘭勢力分裂成好幾個小國，相互鬥爭。

西元1232年，伊斯蘭勢力的統治者——納斯里族的穆罕默德·

©Juanje Perez Photography／Shutterstock.com

阿罕布拉宮

伊本·優素福以穆罕默德一世身分登基，建立納斯里王朝（又稱格拉納達王國），約西元1237年將首

阿罕布拉宮內部
裝飾搭配植物、文字、幾何學圖形的阿拉伯式花紋，以及鐘乳石狀的拱頂天花板「穆克納斯」。

©lotsostock／Shutterstock.

■ 遺產名稱：格拉納達的阿罕布拉
　宮、赫內拉利費宮及阿爾拜辛區
■ 所在國家：西班牙
■ 登錄年分：1984年
■ 主要相關人物：伊莎貝爾一世、
　費爾南多二世

資訊

赫內拉利費宮
庭園特色是利用土地高低落差，讓融化雪水噴
出來的噴水池。 ©David Herraez Calzada／Shutterstock.com

都遷移至格拉納達。

　　格拉納達的阿罕布拉宮即為納
斯里王朝的王宮，在首都遷移至格
拉納達不久後開始建造，歷時約
一百七十年完工，被視為伊斯蘭建
築的最高傑作。

●復地運動結束

　　復地運動進行時，納斯里王朝
向卡斯提亞王國朝貢，相互協助，
並和北非的伊斯蘭王朝保持友好關
係，藉由高明的外交手段，納斯里
王朝成為伊比利半島上最後的伊斯
蘭勢力據點，守住格拉納達。

　　西元14世紀，黑死病大流行，
加上基督教國家之間相互鬥爭，復
地運動的士氣逐漸減弱。

　　然而，在卡斯提亞王國的公主
伊莎貝爾與亞拉岡王國的王子費爾

南多成婚後，兩國於西元1479年
結合成為西班牙王國，復地運動再
度活絡。最後，格拉納達在西元
1492年被西班牙王國攻陷，為復
地運動畫下句點。

●融合基督教建築風格

　　位於阿罕布拉宮東部的赫內拉
利費宮是王族避暑地，約建於西元
14世紀。

　　隔著達羅河，阿罕布拉宮對岸
的阿爾拜辛區，則是受基督徒打壓
的阿拉伯人居住地。

　　格拉納達融合伊斯蘭風格的民
家與復地運動之後遷移至此的基督
徒生活型態，建構出獨特的風景。

©223296268／Shutterstock.com

阿爾拜辛區
如同迷宮般的細窄街道綿延不斷，兩側布滿砌著白牆的民家和清真寺。

耶路撒冷王國最後的據點

阿卡

資訊

■ 遺產名稱：阿卡古城
■ 所在國家：以色列
■ 登錄年分：2001年
■ 主要相關人物：薩拉丁、理查一世

● 失敗的十字軍東征

　　為了奪回被穆斯林占領的聖地耶路撒冷，西歐基督教國家發動一連串的十字軍東征，其中最具規模的有七次。西元1096年第一次十字軍東征成功奪回聖地，建立基督教國家耶路撒冷王國，但西元1147年第二次東征卻無功而返。

　　西元1187年，阿尤布王朝的薩拉丁擊潰耶路撒冷王國的軍隊，讓耶路撒冷重回伊斯蘭手中，於是羅馬教宗再次發起第三次十字軍東征。

● 耶路撒冷王國最後的據點

　　西元1189年的第三次十字軍東征，神聖羅馬帝國（德意志王國）皇帝、法國國王、英格蘭國王理查一世皆投身參與，欲奪回耶路撒冷。

阿卡古城

《舊約聖經》及西元前15世紀的古埃及碑文上，都曾提到港灣城市阿卡。在西元前的腓尼基時代，此地為商業城市，相當繁榮；到了西元5世紀後，經歷拜占庭帝國、十字軍、馬姆魯克王朝、鄂圖曼帝國統治。

阿卡古城的地下遺址
為聖約翰醫院騎士團建造的集會場所、教會、住宿地等，幾乎完好如初地保存下來。

但戰役進行之際，神聖羅馬帝國皇帝突然過世，先抵達戰場的法國國王不滿英格蘭國王聲勢高漲，先行撤軍。

英軍獨自與阿尤布王朝的薩拉

©Ilia Torlin／Shutterstock.com

丁軍隊奮戰，最終雙方簽署休戰協議，未能從伊斯蘭勢力手中奪回耶路撒冷。

而第三次十字軍東征的成果，便是西元1191年從薩拉丁手中奪回位於以色列北部的重要國際貿易港口阿卡，阿卡也是後來耶路撒冷王國最後的據點。

●埋藏於地底下的十字軍建築物

阿卡在西元13世紀末被埃及的馬姆魯克王朝（⇨p.105）征服，耶路撒冷王國就此滅亡，直到西元18世紀中葉進入鄂圖曼帝國時代以後才得以復興。

阿卡古城的地底下，埋有十字軍東征時大為活躍的聖約翰醫院騎士團相關建築物，結構近乎完整。後世推測，當時人們應該是覺得比起破壞堅硬的石造建築物，用土埋起來，於上方建造新的建築會比較輕鬆。

蒙古帝國發展的中心

哈拉和林

資訊

■ 遺產名稱：鄂爾渾峽谷文化景觀
■ 所在國家：蒙古
■ 登錄年分：2004年
■ 主要相關人物：成吉思汗、窩
　闊臺、忽必烈

●草原霸主成吉思汗

　　自西元10世紀唐朝滅亡後，位於中國北部蒙古高原的突厥裔和蒙古裔遊牧民族契丹勢力強盛，建立了遼國，直到西元12世紀初，女真（女直）族脫離契丹獨立建立金國，與宋朝聯手滅遼後，蒙古高原東北部的蒙古人鐵木真勢力便急遽強大。

　　西元1206年，鐵木真在部族集會「忽里勒臺」被推舉為大汗*後，統一周邊部族，自稱成吉思汗，建立大蒙古國（蒙古帝國）。

　　成吉思汗整頓軍事和行政組織，率領騎兵攻打推翻西遼的乃蠻，消滅花剌子模王國和西夏。

●成長為巨大帝國

　　後繼之君窩闊臺消滅金國，將首都設於鄂爾渾河沿岸的哈拉和林，穩固蒙古帝國的基礎。哈拉和林除了擁有作為蒙古帝國首都的遺蹟外，還保存了流傳近兩千年的遊牧民族歷史遺蹟，尤其是西元8世

＊ 亞洲內陸地區的遊牧民族對君主的稱號。

連接鄂爾渾河沿岸的鄂爾渾峽谷
蒙古中部地區的峽谷，西元6～7及8～9世紀時，突厥、維吾爾人分別將此地設為首都。
到了西元13～14世紀，蒙古帝國首都哈拉和林也設於此。

紀時打造的「鄂爾渾碑銘」，上頭用突厥文字（騎馬遊牧民族突厥約在西元6～9世紀時使用的文字）記錄下各種歷史事蹟。

　　成吉思汗一族侵略中亞、歐洲，不斷取得勝利，蒙古帝國在短短不到五十年之間發展成為橫跨亞洲至歐洲東部的巨大帝國，然而隨著領土擴張，因大汗之位引發的繼承紛爭也不斷發生。

光顯寺
西元16世紀時建於哈拉和林的蒙古最古老佛教寺院。
©Chantal de Bruijne／Shutterstock.com

●元朝入侵東亞

　　在繼承紛爭中獲勝並登基的第五代大汗忽必烈入侵中國北部，西元1264年將首都遷移至大都（現今北京），西元1271年為融入中國將國號定為「元」。西元1279年他消滅南宋，遠征日本及東南亞各國，但遭到各國強烈抵抗，以失敗告終。

　　另一方面，元朝在國內施行嚴格的身分制度，中央行政機關長官全由蒙古人獨占，其下是被稱為「色目人」的中亞及西亞人。

　　西元14世紀，明朝建立，攻入大都，元朝撤回北方（北元），哈拉和林再次成為首都。

©PPS通信社

連接亞洲與歐洲的貿易路線

絲路

資訊

■ 遺產名稱：絲路：長安至天山走廊的
　路線網
■ 所在國家：中國、哈薩克、吉爾吉斯
■ 登錄年分：2014年
■ 主要相關人物：忽必烈、馬可‧波
　羅、若望‧孟高維諾

●水陸貿易路線與驛站制度

　　絲路建於西元前2～後1世紀，是連結東西方貿易路線網的總稱，因主要交易商品「絲綢」而命名。這條路上有著從東歐周邊經過中亞北部、蒙古抵達中國的「草原之路」；從現今土耳其附近經過天山山脈山麓抵達中國的「綠洲之路」；以及從中國南部搭船抵達印度或阿拉伯半島的「海上之路」。登錄於世界遺產名錄中的是「綠洲之路」的一部分。

　　西元13世紀前半，蒙古帝國在絲路主要幹道上設置人、馬常駐設施，提供住宿和交通的驛站制度，

©Labusova Olga／Shutterstock.com

喀喇汗國首都八剌沙袞西方的布拉納塔

在敦煌附近沙漠中行走的駱駝商隊
往來於絲路的商人們為了財產、人身安全和運送大量物品，會組成商隊。

©Nithid／Shutterstock.com

克孜爾石窟（克孜爾千佛洞）
©PPS通信社
位於中國西北部新疆維吾爾自治區、西元4～8
世紀的佛教遺蹟，藝術風格受到印度、波斯
（伊朗）影響。

使亞洲至歐洲這段陸路上透過穆斯
林商人進行的交易更加熱絡。

此外，中國沿岸的杭州、泉
州、廣州等港灣城市，利用海路使
海上貿易大為繁榮，並開設從長江
下游繞過山東半島抵達大都的海
運。在交易上，除了銅錢、黃金和
白銀之外，人們還會使用被稱為
「交鈔」的紙幣。

●人、文化和技術的東西交流

隨著交通與貨幣經濟的發達，
物品的交易與人們的往來更加活
絡，東西文化交流隨之盛行。到了
西元13世紀，除了求取中國絲織
品、陶瓷器和白銀的穆斯林商人之
外，羅馬教宗、法國國王的使節都
前往哈拉和林，威尼斯商人更來到
元朝（⇨p.131）首都大都。在元朝皇

帝忽必烈時代任職的馬可·波羅回
國後，口述見聞被整理成《東方見
聞錄（馬可·波羅遊記）》，大幅
提升歐洲人對東方世界的關心。

另一方面，許多穆斯林商人前
往絲路周邊國家，如欽察汗國、伊
兒汗國，最後使其君主皆改信伊斯
蘭，由於在元朝任職的色目人*中
有許多穆斯林，伊斯蘭文化便逐漸
在中國拓展。受到伊斯蘭天文學影
響，元朝科學家郭守敬發明了「授
時曆」。

其次，中國的繪畫也流傳至伊
朗，對波斯的細密畫帶來極大影
響。以和羅馬教宗交換使節為契
機，西元13世紀末傳教士若望·孟
高維諾被派遣至中國，成為大都的
大主教，宣揚基督教。

* 元朝稱呼來自中亞與西亞的人，主要指伊朗人
　和中亞語系的人種。

©PPS通信社

從威尼斯出港的馬可 · 波羅

連接中國南北的水上運輸網路
京杭大運河

資訊

■ 遺產名稱：大運河
■ 所在國家：中國
■ 登錄年分：2014年
■ 主要相關人物：隋煬帝、忽必烈

● 始於隋朝的大工程

　　將江南（指中國南部）豐富穀物與糧食運往黃河流域的長安（現

京杭大運河

今西安）、洛陽等地的「大運河」，是西元7世紀初時隋煬帝所建造。

　　中國華北為旱田、畜牧地區，江南則是稻作地區，因此想要長久統治中國，就必須連接稻作盛產的經濟中心江南與政治中心大興城（長安）。

● 建造連接江南與大都的大運河

　　成為蒙古帝國皇帝的忽必烈改國號為元，於西元1276年推翻中

流經杭州的大運河

國南部的南宋，將中國全土納入掌控。忽必烈設首都於大都後，開始籌建杭州直達大都的新運河，最後完成總長約2000公里以上的「京杭大運河」。

在工業革命之前，此運河為世界上規模最大的建築工程，連接中國最重要的黃河、長江等五條河川。時至今日，該運河依然對中國經濟發展與糧食運送、文化交流帶來無以計量的影響。

此外，從江南繞過山東半島抵達大都的海運也相當發達。

●衰落的蒙古帝國

西元14世紀，蒙古帝國統治下的歐亞全境持續發生天災，各地相繼爆發紛爭。帖木兒對中亞的察合

流經現今江蘇省蘇州的大運河 ©PPS通信社

©Zhao jian kang／Shutterstock.com

臺汗國擴大勢力，莫斯科大公國也對俄羅斯南部的欽察汗國急速強化威勢。

另一方面，元朝因財政及內部鬥爭，社會開始動搖。西元1351年爆發紅巾軍起義，群雄紛紛響應。西元1368年明朝軍隊占領大都，元朝被驅趕至蒙古高原。

中日貿易與平清盛

西元960年中國統一，宋朝（北宋）建國，
但西元12世紀前半，宋朝因為北方金國入侵，只好逃往中國南方，
建立南宋。於是，中國經濟中心轉移至江南的長江下游地區。
之後，中國各地開始積極生產白瓷、青瓷等瓷器和茶、
絲綢類特產，出口至海外的海運也非常發達。

嚴島神社

資訊
- 遺產名稱：嚴島神社
- 所在國家：日本
- 登錄年分：1996年
- 主要相關人物：平清盛

　　西元12世紀後半，首度以武士身分掌握政治實權的平清盛，使中日貿易大為盛行。除了從中國宋朝進口瓷器、絲綢品、香料、藥品、書物和銅錢之外，日本也會出口金、水銀、硫磺、珍珠、刀、扇子等物品。

　　平清盛為了和宋朝進行貿易，整頓且擴大大輪田泊（現今神戶港）。另外，為祈禱航海安全，將嚴島神社的神殿重建成現今規模。

宋朝時期的中日貿易路線

©Pistachio001／Wikimedia Commons

嚴島神社的能舞臺
突出至海面上的能舞臺，每年春天會上演「桃花祭御神能」。

　　不僅中國特產，藉由中日貿易，日本還進口足以影響社會、經濟、文化面的物品，例如大量進口宋朝鑄造的銅錢「宋錢」，使日本貨幣經濟一舉擴張。

　　此外，因進口儒學書籍、禪宗經典、筆墨硯臺等文具類用品，使日本在學問方面亦受到強烈影響。至於藝術領域，寫實且色彩鮮艷的院體畫，採用水墨、淡彩筆觸且畫風自由的文人畫等，也流傳至日本，深受日本人喜愛，逐漸風行。

©Butch／Wikimedia Commons

嚴島神社神殿　西元 6 世紀末建造，經平清盛改建成今日的神殿，供奉宗像三女神。

©PPS通信社

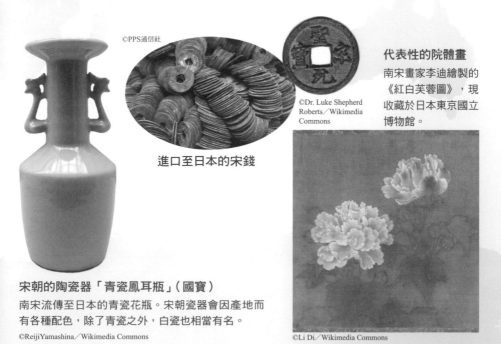

©Dr. Luke Shepherd
Roberts／Wikimedia
Commons

進口至日本的宋錢

代表性的院體畫
南宋畫家李迪繪製的
《紅白芙蓉圖》，現
收藏於日本東京國立
博物館。

宋朝的陶瓷器「青瓷鳳耳瓶」（國寶）
南宋流傳至日本的青瓷花瓶。宋朝瓷器會因產地而
有各種配色，除了青瓷之外，白瓷也相當有名。

©ReijiYamashina／Wikimedia Commons

©Li Di／Wikimedia Commons

第8章

約14～16世紀①

文藝復興與宗教改革

　　由於地中海貿易發達，城市蓬勃發展，商人和農民也變得富裕。人們想脫離領主和教會的禁錮，於是以希臘、羅馬古典文化為範本，發起追求真正人性自由與解放的文化運動「文藝復興」。此外，由於十字軍東征失敗，教會與教宗權威不再，到了西元16世紀，羅馬教宗為籌措資金販賣贖罪券遭到批判，馬丁‧路德開始進行宗教改革。

呂貝克	
德國	P.146

路德之城威登堡教堂	
德國	P.148

杜伯尼克	
克羅埃西亞	P.147

聖彼得大教堂	
教廷	P.142

佛羅倫斯	
義大利	P.140

〈最後的晚餐〉	
義大利	P.145

138

1378年	至西元1417年為止，羅馬與亞維儂各自策立教宗，形成西方教會大分裂。
1453年	鄂圖曼帝國占領君士坦丁堡，拜占庭帝國滅亡。
1480年	莫斯科大公國脫離蒙古統治而獨立。
1492年	格拉納達淪陷，伊比利半島上最後的伊斯蘭王朝滅亡，復地運動結束。
1517年	馬丁‧路德發表《九十五條論綱》。
1524年	支持路德思想的閔采爾，訴求廢除農奴制度，率眾發動德國農民戰爭。
1534年	英格蘭國王亨利八世為解決離婚問題與羅馬教宗對立，公布《至尊法案》脫離天主教的掌控。
1545年	天主教特倫托會議反對宗教改革，決定自我進行內部改革，矯正教會腐敗風氣。
1555年	因《奧格斯堡和約》，德國諸侯獲得選擇天主教派或路德派的自由。
1598年	法國國王亨利四世公布《南特敕令》，大幅承認信仰新教的自由。

©Matteo Gabrieli
Shutterstock.com

文藝復興的中心城市

佛羅倫斯

資訊

■ 遺產名稱：佛羅倫斯歷史中心
■ 所在國家：義大利
■ 登錄年分：1982年
■ 主要相關人物：科西莫・德・
　梅迪奇、李奧納多・達文西、
　米開朗基羅、拉斐爾

● 始於城市的文藝復興

　　義大利約自西元11世紀起因東方貿易（⇨p.119）使產業發達，許多城市成為自治城市，掌握力量。到了西元14世紀，歐洲各地城市以義大利為中心，發起名為「文藝復興」的運動。藉由研究、採納古希臘與羅馬時代的文化，將過去以教會為中心的中世紀世界觀，轉變成為以人文主義（或稱人性主義）為中心的運動。

　　文藝復興運動的開展，促使歐洲的藝術和文化蓬勃發展。

● 文藝復興中心城市──佛羅倫斯

　　西元14世紀的佛羅倫斯，毛織產業和金融業發達，在大財閥梅迪奇家族的支持與贊助下，文藝復興風氣盛行，使該地成為義大利文藝

©canadastock／Shutterstock.com

舊宮
西元16世紀梅迪奇家族的領袖科西莫・德・梅迪奇居住於此。現為市政廳，正面入口處有〈大衛像〉的複製品。

佛羅倫斯街景
在梅迪奇家族的支持下，佛羅倫斯從西元15世紀起約三百年來都相當繁榮，至今依然留有許多文藝復興時期保存下來的建築物。

復興中心城市，集結眾多藝術家一展長才。

●文藝復興的擴展

位於佛羅倫斯街道中心的聖母百花大教堂，於西元1436年在梅迪奇家族贊助下完工，圓形八角屋頂等文藝復興建築樣式，影響之後的聖堂建築。此外，藝術家米開朗基羅亦在此地打造〈大衛像〉。

始於佛羅倫斯的文藝復興運動，不久後流傳至羅馬，接著擴展到歐洲各地。

©QQ7／Shutterstock.com

米開朗基羅的〈大衛像〉
米開朗基羅二十多歲時的作品，使用放置於聖母百花大教堂中的大型大理石。

©Markus Gann／Shutterstock.com

聖母百花大教堂
圓形八角屋頂（圓穹）用紅磚堆疊而成。

©Baloncici／Shutterstock.com

集結文藝復興傑作的羅馬天主教會大本營

聖彼得大教堂

©Matteo Gabrieli／Shutterstock.com

聖彼得大教堂
米開朗基羅、拉斐爾皆曾參與改裝的
世上最大規模基督教建築。

●羅馬教會的中心

西元4世紀，聖彼得大教堂在羅馬帝國皇帝君士坦丁大帝的命令下完工。教堂建於耶穌使徒聖彼得之墓上方，周邊逐漸發展成為羅馬教會的中心地。現今位於羅馬市區的國家「教廷」內的聖彼得大教堂（梵諦岡聖彼得大會堂），便是從羅馬帝國時代建造的教堂發展而成。

教廷是全世界國土面積最小的國家，人口也最少，整個國家都登錄在世界遺產名錄中。

●改裝聖彼得大教堂

在羅馬教宗的命令下，古老的聖堂於西元16世紀初開始進行改裝工程，由於各種問題，工程耗時，新的聖彼得大教堂在西元1626年才完工。米開朗基羅、拉斐爾等文藝復興時期的藝術家，皆參與了此次改裝工程。

資訊
- ■ 遺產名稱：梵蒂岡城
- ■ 所在國家：教廷
- ■ 登錄年分：1984年
- ■ 主要相關人物：米開朗基羅、拉斐爾

● 文藝復興的巨匠

　　身為畫家和建築師的拉斐爾，從聖彼得大教堂改裝工程的設計階段開始參與，他也曾在教堂附近的教宗居所梵蒂岡宮殿內繪製〈雅典學院〉等壁畫。

西斯汀禮拜堂穹頂畫與〈最後的審判〉
兩者皆為米開朗基羅所繪。天花板上描繪出《舊約聖經》中的創世紀場面，牆上則繪製《新約聖經》啟示錄中的「最後的審判」。

©PPS通信社

©Everett-Art／Shutterstock.com

拉斐爾的〈雅典學院〉
拉斐爾描繪古希臘哲學家的最高傑作之一。李奧納多・達文西、米開朗基羅和拉斐爾本身都化為模特兒出現在畫上。

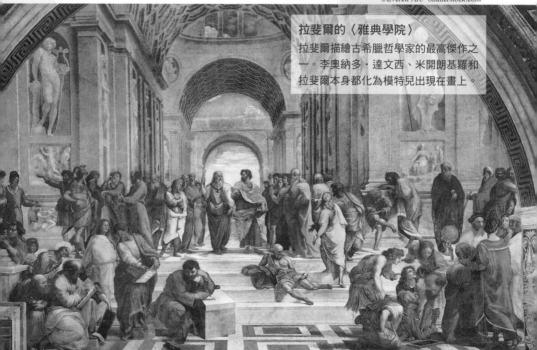

同樣參與建築物設計的米開朗基羅，則著手繪製梵蒂岡宮殿內西斯汀禮拜堂的穹頂畫和〈最後的審判〉，而聖彼得大教堂內至今還留有身兼雕刻家的米開朗基羅的聖母憐子雕像〈聖殤〉等作品，被稱為「文藝復興藝術的寶庫」。

●科學與技術的新發現

約西元16世紀聖彼得大教堂大改裝的同時，義大利的文藝復興進入全盛時期。除了藝術、建築之外，科學和技術領域也有新發現。

西元16世紀，波蘭天文學家哥白尼提出地球等天體會以太陽為中心旋轉的「地動說」*1，相對於教會的「天動說」。

此外，這個時期也開始改良中國發明的火藥、羅盤*2，使它們更為實用。火藥被使用在槍械和大炮上，改變了戰爭的型態；而航海範圍因為羅盤變得更廣闊。

其次，德國人谷騰堡改良了活版印刷技術，書籍得以大量出版，尤其是大量印製《聖經》，對之後的宗教改革（⇨p.148）推展造成極大影響。

©Irina Rumyantseva／Shutterstock.com

米開朗基羅的〈聖殤〉
位於聖彼得大教堂中的雕刻。展現出從十字架上被放下來的耶穌，以及抱著他的耶穌之母馬利亞。

*1 當時的主流是天動說，認為太陽與其他天體都繞著地球轉。

*2 用針狀磁石來測量方位的航海用具。

李奧納多・達文西的畫作〈最後的晚餐〉
©PPS通信社
描繪耶穌（中央）被釘在十字架前夕，與弟子們共進晚餐的情景。

李奧納多・達文西的傑作 〈最後的晚餐〉	資訊	■遺產名稱：米蘭恩寵聖母教堂和道明會修道院與李奧納多・達文西的〈最後的晚餐〉 ■所在國家：義大利 ■登錄年分：1980年 ■主要相關人物：李奧納多・達文西

●「通才」李奧納多・達文西

建於西元15世紀的恩寵聖母教堂因李奧納多・達文西的壁畫〈最後的晚餐〉而知名，壁畫採用當時剛確立的透視法等嶄新畫技。

達文西除擅長繪畫之外，還精通建築、科學、醫學等。在文藝復興時代，在各種領域皆活躍的人被尊為「文藝復興人」，即博學的通才，是人們的理想。

以漢薩同盟盟主身分活躍

呂貝克

資訊

■ 遺產名稱：漢薩同盟城市
呂貝克

■ 所在國家：德國

■ 登錄年分：1987年

■ 主要相關人物：無

●因貿易建立的漢薩同盟

西元12世紀，以北海、波羅的海一帶為舞臺的北歐商業圈於北歐地區成立，貿易變得活絡，城市也逐漸發展。而德意志北部城市因獲得神聖羅馬帝國皇帝的特許狀，取得自治權，地位等同於諸侯。

由於德意志曾經歷一段由諸侯控制各地區、王位虛懸的「大空位時期」，最後神聖羅馬帝國皇帝承認七位選帝侯*推舉皇帝的權力，為了壓制諸侯力量，所以給予城市自治權。

●支持漢薩同盟的呂貝克

漢薩是「同伴」的意思。西元13世紀組成的漢薩同盟，是為了相同目的而合作的城市同盟。直屬皇帝的漢薩同盟各自治城市，以呂貝克為中心，制定共通的貨幣、度量衡和交易法，藉經濟強化城市間的聯繫。到了西元14世紀，漢薩同盟不僅控制北歐的商業，擁有自己的陸軍和海軍，在政治上也具有極大影響力。

* 擁有推舉皇帝的選舉權之諸侯。

漢薩同盟的會議在盟主城市呂貝克舉行，因此呂貝克又被稱為「漢薩女王」，一直繁榮到西元17世紀。

連接舊城的豪斯登門
建於西元15世紀的厚重城門，象徵呂貝克的繁榮。右後方有茶色屋頂的建築物是用來保管商業用鹽的倉庫。

自治城市杜伯尼克

在巴爾幹半島的國家克羅埃西亞中，有一座面臨亞得里亞海的城市——杜伯尼克。該地自西元13世紀開始，成為共和政體的自治城市，雖歷經各個國家統治，仍然保有共和國的自治權。

此地留有中世紀、文藝復興時期到約西元17世紀的建築物，非常美麗，又被稱為「亞得里亞海的珍珠」。

©Vladislav T. Jirousek／Shutterstock.com

杜伯尼克

西元1667年遭逢地震，西元1991年再因南斯拉夫內戰造成極大損害，因而兩次重建街道。

©Roni Ben Ishay／Shutterstock.com

馬丁・路德推動宗教改革的舞臺

路德之城威登堡教堂

●《九十五條論綱》

西元1517年，威登堡（又譯維滕貝格）大學神學教授馬丁・路德在威登堡旁的教堂大門上，張貼了批判羅馬教會的《九十五條論綱》，成為宗教改革*的開端。

羅馬教宗李奧十世為了籌措改裝聖彼得大教堂（⇨p.142）的資金，販賣被稱為「贖罪券」的證明文件，世人買了之後，只要透過簡單的告白及懺悔，在現世的罪過就可以獲得原諒，因此大受歡迎。此

* 批判天主教會，以遵從《聖經》、再造基督教為目標的運動。

©Bkaiser / Dreamstime.com

路德之城威登堡教堂
馬丁・路德在教堂門口張貼《九十五條論綱》，訴求宗教改革。照片中的建築物為西元19世紀重建後的模樣。

資訊	■遺產名稱：艾斯萊本與威登堡 　（維滕貝格）的路德紀念建築群 ■所在國家：德國 ■登錄年分：1996年 ■主要相關人物：馬丁·路德、李 　奧十世

外，當時的教會增加稅收、壓榨農民財產，馬丁·路德認為這些都是天主教會腐敗的行為，大力批判，兩者遂產生對立。

●路德被開除教籍與德國農民戰爭

西元1521年，遭李奧十世開除教籍的馬丁·路德認為，天主教會的行為背離《聖經》內容，於是他將《聖經》翻譯成德文，並利用活版印刷技術，將德文《聖經》流傳開來。

另一方面，長期不滿教會和領主欺壓的農民們，趁路德改革浪潮高漲之際發起「德國農民戰爭」，這場由閔采爾等人主導的暴動，最後遭到諸侯鎮壓。然而，部分諸侯為了藉機掠奪教會的龐大財產，轉而支持路德改革教會的主張。

●宗教改革的擴展

西元1529年，路德派的諸侯反對神羅馬帝國皇帝查理五世禁止路德派，提出抗議書，這些人被稱為「抗議者」，即現在的「基督新教」，直到西元1555年的《奧格斯堡和約》發布，路德派信仰才終於被認可。

宗教改革亦擴展至德國之外，喀爾文在瑞士成立喀爾文教派；英格蘭也因為亨利八世，建立英格蘭國教會。

張貼《九十五條論綱》的門
當時為木製，重建時改為金屬。

©Ralf Gosch／Shutterstock.com

手握《聖經》的路德雕像
批判天主教會的馬丁·路德主張透過福音信仰才能讓靈魂獲得救贖，致力於翻譯《聖經》。

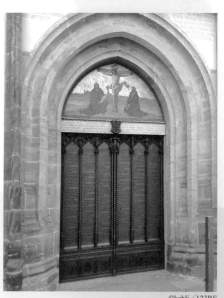

©kehli／123RF

149

鄂圖曼帝國與大航海時代

西元14世紀，鄂圖曼帝國向巴爾幹半島擴張領土，於西元1453年消滅拜占庭帝國，並將其首都君士坦丁堡改名為伊斯坦堡作為新首都。另一方面，被鄂圖曼帝國阻撓東方貿易的歐洲諸國改良羅盤、發展航海圖和航海技術，藉由船隻航行進入大西洋、印度洋等世界各大海洋，開啟「大航海時代」。

©Hung Chung Chih／Shutterstock.com

©Renata Sedmakova／Shutterstock.com

1405～ 1433年	在明朝永樂帝命令下，鄭和進行七次航行，遠征南海諸國，從東南亞前往印度洋、阿拉伯海。
1453年	鄂圖曼帝國攻下君士坦丁堡，拜占庭帝國滅亡。
1488年	葡萄牙人巴爾托洛梅烏‧迪亞士抵達非洲大陸南端的好望角。
1492年	哥倫布乘船橫跨大西洋，抵達加勒比海的巴哈馬群島。
1498年	葡萄牙人瓦斯科‧達伽馬乘船繞過好望角，抵達印度。
1500年	葡萄牙人卡布拉爾飄流至巴西，使巴西成為葡萄牙殖民地。
1520年	蘇萊曼一世登基，開創鄂圖曼帝國鼎盛時期。
1521年	西班牙人科爾特斯征服墨西哥，阿茲特克帝國滅亡。
1522年	麥哲倫一行人從大西洋向西出發，抵達菲律賓，成功橫越印度洋，環繞世界一周。
1529年	鄂圖曼帝國聯合法國，以十二萬大軍包圍神聖羅馬帝國的首都維也納，卻以失敗告終。
1533年	西班牙人皮薩羅征服祕魯，印加帝國滅亡。

墨西哥城

墨西哥　　P.164

©123455541／Shutterstock.com

石見銀山

日本　　P.171

琉球王國的城堡

日本　　P.170

馬丘比丘

祕魯　　P.166

©Pyty／Shutterstock.com

波托西銀山

玻利維亞　　P.171

大航海時代的繁華遺蹟

哲羅姆派修道院

©Geza Farkas／Shutterstock.co

哲羅姆派修道院
西元1502年開始建造，西元1551年完成主要部分，西元19世紀後所有工程才全部結束。

●印度航路的開拓

西元15世紀中葉，葡萄牙國王為了貿易和宣揚天主教的基督信仰，開始向海外拓展。由於能夠承受長期航海的船隻問世、航海技術發達，以及出現許多充滿勇氣和冒險精神的探險家，這些行動因此得以達成。

葡萄牙航海家瓦斯科・達伽馬在葡萄牙國王曼紐一世的命令下從歐洲出發，通過非洲南岸，開拓前往印度的航路。印度航路的開發，

©Asta Plechaviciute／Shutterstock.com

「航海王子」恩里克的雕像（右一）
恩里克王子積極開拓新航路，建立葡萄牙海外發展的基礎。貝倫當地還有紀念王子逝世五百週年的「發現者紀念碑」。

■ 遺產名稱：里斯本的哲羅姆派修
　道院與貝倫塔
■ 所在國家：葡萄牙
■ 登錄年分：1983年
■ 主要相關人物：「航海王子」恩里
　克、瓦斯科‧達伽馬、曼紐一世

資訊

©Vlada Photo／Shutterstock.com

使葡萄牙從海外運回大量物資，進入黃金時期。

●曼紐式風格

後來，曼紐一世為讚頌「航海王子」恩里克和瓦斯科‧達伽馬的豐功偉業，在里斯本貝倫*地區興建一座宗教建築——哲羅姆派修道院。修道院原為歷代國王舉行葬禮之用，之後成為出發前往危險航海旅程的葡萄牙船員們的心靈依靠。

修道院用石灰岩打造，內部刻有船與海洋的浮雕，被稱為「曼紐

貝倫塔
位於太加斯河口，是監視船隻出入的要塞。正式名稱為「聖文森塔」，為紀念瓦斯科‧達伽馬開拓印度航路所建。

式風格」。此外，南門還有「航海王子」恩里克的雕像。

* 葡萄牙文，意指《新約聖經》中耶穌誕生的小鎮伯利恆。

©Zacarias Pereira da Mata／Shutterstock.com

哲羅姆派修道院附屬聖馬利亞教堂中的瓦斯科‧達伽馬棺木
西元1524年去世於印度的瓦斯科‧達伽馬，遺體被運回葡萄牙下葬。

因新大陸帶來的財富而繁榮

塞維亞

鄂圖曼帝國與大航海時代

- 遺產名稱：塞維亞的大教堂、王宮和西印度群島檔案館
- 所在國家：西班牙
- 登錄年分：1987年
- 主要相關人物：哥倫布、伊莎貝爾一世

●向西航行以印度為目標的哥倫布

在大航海時代知名度與瓦斯科‧達伽馬不相上下的航海家，是義大利熱那亞出身的哥倫布。

哥倫布計畫從大西洋出發向西航行尋找印度（東印度＊）航路，但葡萄牙國王拒絕援助他。

後來復地運動（⇨p.102）畫下句點，哥倫布接受了西班牙女王伊莎貝爾一世的金援，為開拓新航路，於西元1492年出發前往大西洋。

＊ 中世紀末歐洲對印度到日本東亞一帶的稱呼。

●抵達陸地

歷時約兩個多月，哥倫布一行人抵達陸地，將該島命名為「聖薩爾瓦多」，哥倫布深信該地為「印度」的一部分，將當地人稱為「印第歐」（印度人的意思）。

後來，哥倫布為了收集黃金和辛香料，又三度出航，他的功績受到認可，成為當地總督，但直到過世之前，他都完全不知道發現的是美洲大陸。

©Renata Sedmakova／Shutterstock.com

塞維亞大教堂內的哥倫布墓
哥倫布四度前往新大陸探索，卻沒有得到預期中的結果。

塞維亞王宮

西元10世紀時由伊斯蘭勢力建造的離宮「塞維亞王宮」，在經歷過復地運動後，經基督徒改建。
到了現在，除了穆德哈爾式風格之外，該建築還融合了文藝復興式等各種建築風格。

哥倫布之墓位於西班牙南部塞
維亞大教堂，教堂內還有黃金祭壇
等，被視為世上最寬闊且豪華的宗
教建築之一。

●塞維亞王宮與西印度群島檔案館

其次，塞維亞還有西班牙王室
建造的離宮——塞維亞王宮，融合
伊斯蘭和基督教建築樣式的西班牙
獨特建築風格，被稱為「穆德哈爾
式建築」。

此外，西印度群島檔案館內保
存了大航海時代至西班牙帝國時代
的古文書、哥倫布的航海日誌，以
及美洲大陸殖民地的紀錄等大量古
文物。

塞維亞因抵達新大陸者所帶回
的財寶大為繁榮，也象徵了大航海
時代的西班牙。

塞維亞大教堂內的黃金祭壇

哥倫布抵達新大陸後奪走當地居民的生命、將
他們當成奴隸、把財寶運回西班牙，之後西班
牙持續侵略和掠奪，藉此造就母國的繁榮。

鄂圖曼帝國的歷史象徵

金角灣與蘇萊曼清真寺

●鄂圖曼帝國的誕生

　　西元1038年，塞爾柱王朝建立，但內部為爭權奪勢而分裂，在西元1096年大敗於第一次十字軍東征。西元1077年該族在安那托利亞（現今土耳其）建立羅姆塞爾柱王朝，西元1299年鄂圖曼一世從羅姆塞爾柱王朝獨立，於現今土耳其西北部建立鄂圖曼帝國。

●衰退的拜占庭帝國

　　另一方面，拜占庭帝國雖因首都君士坦丁堡身為東西貿易的中心大為繁榮（⇨p.82），卻一點一滴失去威勢，在鄂圖曼帝國建國後，領土更接連被奪走。

　　為了守護拜占庭帝國，西元1396年，以匈牙

利為中心的巴爾幹半島諸國、神聖羅馬帝國、法國，以及許多來自歐洲各地的軍隊，與鄂圖曼帝國軍隊在鄂圖曼占領的尼科波利斯城附近大戰一場，沒想到卻被擊敗，拜占庭帝國因此孤立無援。

●君士坦丁堡包圍戰

　　西元1453年，鄂圖曼帝國第七代蘇丹穆罕默德二世包圍君士坦

©ColorMaker／Shutterstock.com

西元16世紀的伊斯坦堡（君士坦丁堡）
拜占庭帝國在金角灣架起鎖鏈，阻止船隻進入。

伊斯坦堡

山丘

加拉達地區

金角灣

©PPS通信社

資訊	■ 遺產名稱：伊斯坦堡歷史地區
	■ 所在國家：土耳其
	■ 登錄年分：1985年
	■ 主要相關人物：穆罕默德二世、蘇萊曼一世

海，包夾君士坦丁堡。於是，鄂圖曼帝國以奇襲擊破君士坦丁堡，延續一千年以上的拜占庭帝國就這樣滅亡了。

後來君士坦丁堡成為鄂圖曼帝國的首都，改名為伊斯坦堡。

丁堡。

但巨大的「狄奧多西城牆」圍繞著地形向海面突出的君士坦丁堡，即使遭炮彈擊中，損傷也相當輕微。

面對金角灣方向的城牆雖較薄弱，但金角灣入口架起一條鎖鏈，船隻無法通行。

因此，穆罕默德二世將船拖到金角灣對岸的加拉達地區後再入

●廣闊的鄂圖曼帝國領土

第九代蘇丹塞利姆一世推翻伊朗的薩法維波斯帝國、擊敗埃及的馬姆魯克王朝，努力擴張鄂圖曼帝國的領土。

到了第十代蘇丹蘇萊曼一世的時代，鄂圖曼帝國進入全盛時期，甚至還包圍神聖羅馬帝國的中心城市維也納，但最後功虧一簣。

蘇萊曼清真寺（前）與加拉達地區（後）
當時的君士坦丁堡在面向金角灣的地方也有城牆，不過比其他地方薄，因此穆罕默德二世才會採取繞過加拉達地區後方山丘的奇襲策略。

●鄂圖曼帝國的國內政策

　　鄂圖曼帝國在施政上，是以先知穆罕默德言論所建立的伊斯蘭教法為基礎，帝國除了擁有騎士團作為常駐軍隊之外，還會強制徵調征服地的基督徒子弟，整編為「耶尼切里軍團」。此外，只要同樣相信上帝的基督徒及猶太教徒繳納稅金，便賦予自治權和信仰自由。

　　在拜占庭帝國的時代，君士坦丁堡地區到處林立希臘正教的教堂，直到成為鄂圖曼帝國領土，改名為伊斯坦堡後，這些教堂皆被改建為伊斯蘭的清真寺，拜占庭帝國皇帝查士丁尼一世所建造的聖索菲亞大教堂就是其中之一（⇨p.82）。

　　西元1557年，在蘇萊曼一世的命令下，以聖索菲亞大教堂為範本的蘇萊曼清真寺完工，被視為鄂圖曼式建築中最具代表性的清真寺，鄂圖曼帝國鼎盛時期的繁榮樣貌也流傳至今。

蘇萊曼清真寺
圓頂高度約53公尺，四根尖塔約64公尺。清真寺旁還有蘇萊曼一世和妻子的陵墓。

蘇萊曼清真寺內部
蘇萊曼清真寺中有醫院、學校、為貧窮人士設立的設施等。內部貼滿色彩鮮艷的磁磚。

狄奧多西城牆
拜占庭帝國皇帝狄奧多西二世建立的城牆，長度約有7公里。

位居東西文化十字路口的城市

資訊

撒馬爾罕

■ 遺產名稱：撒馬爾罕——文化交會的十字路口
■ 所在國家：烏茲別克
■ 登錄年分：2001年
■ 主要相關人物：帖木兒

●位於絲路要地而發達

撒馬爾罕約自西元10世紀起就是相當發達的綠洲城市，由伊朗語系民族所建。

撒馬爾罕意指「人們相遇的街道」，也是穿越中亞貿易路線「絲路」（⇨p.132）的要地，時常遭到其他民族侵略、征服。西元13世紀，此地為伊斯蘭勢力花剌子模王國的首都，但在蒙古軍隊侵略之下被毀滅。

復興此地的是出身於西察合臺貴族的帖木兒。西元1370年，他建立帖木兒帝國，以撒馬爾罕為首都，城市中心也從北部的阿非拉希雅山丘移至現今的雷吉斯坦廣場，而山丘底下則沉睡著好幾層聚落遺蹟。

●帖木兒帝國的「藍色之都」

在帖木兒稱帝的三十五年間，他多次展開戰爭，將中亞至現今伊朗、伊拉克地區這片廣大的領土納入掌控，並網羅許多藝術家、技術人員、學者移居撒馬爾罕，命人建造許多豪華建築物。

©Evgeniy Agarkov／Shutterstock

雷吉斯坦廣場
廣場上共有三座馬德拉沙，人們在這裡學習伊斯蘭教義和科學等知識。左起依序為烏盧格別克學院、提雅卡力學院、希爾多爾學院。

提雅卡力學院內部（上）
位於撒馬爾罕的陵園（右）
使用大量藍色釉磚，普遍認為是因為帖木兒喜歡
藍色的緣故。

這些建築物使用大量鮮艷的藍
色釉磚，融合中國陶瓷器和波斯顏
料（著色劑），是身為東西文化十
字路口的撒馬爾罕獨有之物。

雖然帖木兒帝國在西元16世紀
初滅亡，但「藍色之都」的樣貌依
然流傳至今。

中國皇帝的宮殿

紫禁城

資訊

■ 遺產名稱：北京與瀋陽的明清皇宮
■ 所在國家：中國
■ 登錄年分：1987年
■ 主要相關人物：永樂帝

©wantanddo／Shutterstock.com

北京故宮的太和殿

舉行皇帝登基等儀式的地方，在紫禁城中屬相當重要的建築物，東西約64公尺、南北37公尺、高度35公尺以上，為中國現存最大的木造建築物，西元1695年重建。

●約五百年來，二十四位皇帝居住於此

西元14世紀，元朝因紅巾軍起義捨棄中原，將政權轉移至蒙古，史稱「北元」。明朝建立後，以南京為首都，但在西元1406年，明朝第三代皇帝永樂帝開始在北京元朝皇帝居住的遺址上建造紫禁城，西元1421年將首都從南京遷到北京，紫禁城因此成為皇帝的居所。

過去中國人稱天子（皇帝）居所為北極星，周圍的星座則稱為「紫微垣」，而「禁城」有禁止進入之意，因此「紫禁城」代表一般人不可進入，為皇帝的城堡。

紫禁城被高度約10公尺的城壁包圍，寬度約東西750公尺、南北960公尺。在明朝鼎盛時期，據說

超過十萬人為皇帝和其家人工作。

　　西元1644年，隨著明朝滅亡，紫禁城也遭到破壞，不久後由清朝重建。直到清朝滅亡的西元1912年為止，紫禁城共有二十四名明、清皇帝居住過。

●了解宮廷建築的珍貴遺產

　　「故宮」的意思是「過去的宮殿」，中國北京紫禁城和瀋陽離宮兩地，皆被登錄於世界遺產名錄中。

　　紫禁城是座相當寬闊的宮殿，具有許多採用大理石為基底的建築物，展現當時最高級的裝飾和上色技法，代表中國皇帝的強大權力。

　　瀋陽離宮則為後金宮殿。後金是努爾哈赤統一滿洲女真族，於西元1616年建立的國家。工程始於西元1625年，十一年後完工。西元1636年，後金改國號為清，西元1644年將首都遷至北京，之後此地作為離宮使用。瀋陽離宮的規模相當於紫禁城的十二分之一，是融合漢人、滿洲人、蒙古人建築與藝術的建築物。

©nndrln／
Shutterstock.com

瀋陽故宮的大政殿（下）與龍的裝飾（右）
特徵為建築物正面的兩根柱子，上面攀著象徵皇帝的龍。如同北京故宮，隸屬於瀋陽故宮博物院的此地，已部分區域對外開放參觀。

阿茲特克帝國沉睡之地

墨西哥城

資訊

- ■ 遺產名稱：墨西哥城歷史中心與霍奇米爾科
- ■ 所在國家：墨西哥
- ■ 登錄年分：1987年
- ■ 主要相關人物：科爾特斯

●阿茲特克帝國的首都特諾奇提特蘭

墨西哥城為墨西哥合眾國的首都，也是代表拉丁美洲＊的國際級城市之一。

西元14世紀，美洲原住民在特斯科科湖上打造了一座人工島，作為阿茲特克帝國的首都特諾奇提特蘭。阿茲特克人相繼征服周邊部族，建立廣大的帝國，西元15世紀時統治墨西哥高原一帶。

西元1521年，阿茲特克帝國遭西班牙侵略者科爾特斯消滅，特諾奇提特蘭亦遭到破壞，廢墟上建造了一座新的殖民城市「墨西哥城」，以通稱「索卡洛」（意為「柱基」）的憲法廣場為中心，興建如棋盤狀的道路，也成為新大陸殖民城市的典範。

●西班牙殖民時代的大教堂

登錄於世界遺產名錄中的墨西

＊ 美洲大陸中，位於墨西哥以南，且擁有西班牙、葡萄牙語系居民與文化的國家。

©dubassy／Shutterstock.com

大教堂
融合文藝復興與巴洛克式等各種建築風格，成為墨西哥城的象徵。

©javarman／Shutterstock.com

墨西哥城的阿茲特克時代遺蹟
大教堂東北方有一座名為「大神殿」的遺蹟，
西元1978年進行地下鐵工程時才偶然發現。

©Michael Vesia／Shutterstock.com

哥城歷史中心建築物，於西班牙殖
民時代建造。

　　墨西哥城的大教堂建於阿茲特
克大神殿的遺址上，西元1563年
開始施工，據說到完工為止歷時約
二百五十年。

●播種鮮花的土地

　　位於墨西哥城南方約30公里的
水鄉地區霍奇米爾科，現今依然存
有阿茲特克帝國時代的遺蹟。該地
名在阿茲特克語（或稱納瓦特爾
語）中意指「播種鮮花的土地」，
讓人得以緬懷當時為水上城市的阿
茲特克帝國。

骷髏塔
推測此處為祭祀時奉獻頭顱祭
品給神明之地，裝飾便以頭蓋
骨為靈感。

印加帝國的空中之城

馬丘比丘

資訊

■ 遺產名稱：馬丘比丘
■ 所在國家：祕魯
■ 登錄年分：1983年
■ 主要相關人物：阿塔瓦爾帕、
　皮薩羅

●夢幻城市比爾卡班巴

　　西元15世紀中葉，原住民印加人（克丘亞人、奇楚瓦人）在南美大陸的祕魯建立印加帝國。印加帝國擁有優異的農耕技術、石造建築、加工技術、道路設施、金銀銅製藝術品等，後來發展出先進的「印加文明」。

　　然而，西元1533年，最後的皇帝阿塔瓦爾帕遭到入侵首都庫斯

空中城市馬丘比丘
如飄浮在空中一般，故被稱為「空中城市」。
遠方看到的尖頭山是「月亮神殿」的遺蹟。

科的西班牙侵略者皮薩羅處刑，使印加帝國建國約一百年便滅亡。傳聞安地斯山脈中有座埋藏著寶藏的城市「比爾卡班巴」，不過至今沒有人發現。

●西元 20 世紀發現的馬丘比丘

西元1911年，美國歷史學家海瑞·賓漢在高度2400公尺的山頂上發現印加帝國遺蹟，他確信這是夢幻城市比爾卡班巴，並且公諸於世。

可是調查石階的組成方式後，發現該遺蹟約建於西元1450年，實為印加帝國的城市馬丘比丘。總面積約5平方公里的城市遺蹟由市區和農地組成，經證實有些是用來祭祀太陽神的神廟和皇帝的房間。學者推估當時約有七百五十人生活在該地，但在印加帝國滅亡前後，該城市就被遺棄了。

©Pyty／Shutterstock.com

馬丘比丘的水道
馬丘比丘採用相當先進的技術，以精密堆疊而成的石砌建築，作為引導山泉的水道等。

©Reb／Dreamstime.com

167

擴大貿易與連接世界的白銀

在大航海時代，全世界的貿易都相當盛行。
到了約西元16世紀，白銀成為交易的主角。
作為交易代價，西班牙將南美大陸的白銀支付給歐洲各國與中國；
日本的白銀則支付給西班牙、葡萄牙與中國。
從西班牙流入的大量白銀，導致歐洲物價急速上升。

大城

資訊

- ■ 遺產名稱：歷史城市大城
- ■ 所在國家：泰國
- ■ 登錄年分：1991年
- ■ 主要相關人物：無

位於泰國中部的大城，自西元14世紀中葉起，四百多年來都是大城王國的首都。西元17世紀，大城因和東南亞、中國、日本、歐洲各國進行貿易而繁榮，成為國際城市，當地還建有外國人的居處。

虔誠信仰佛教的大城王國國王建設了許多佛塔、寺廟、佛像，然而大城卻在西元1767年緬甸軍隊侵略下變成廢墟。約自西元20世紀中葉開始，遭破壞的文化遺產正一點一滴修復中。

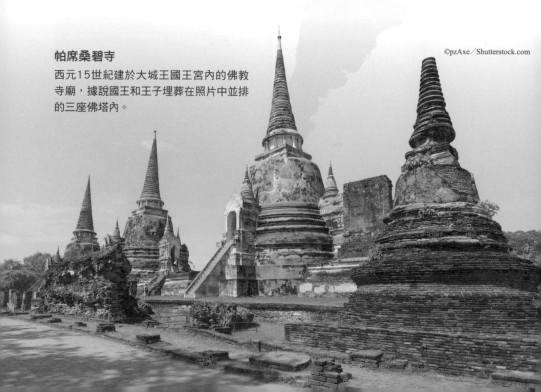

©pzAxe／Shutterstock.com

帕席桑碧寺
西元15世紀建於大城王國王宮內的佛教寺廟，據說國王和王子埋葬在照片中並排的三座佛塔內。

馬六甲與喬治市

資訊

■ 遺產名稱：馬六甲與喬治市，及馬六甲
海峽的歷史城市
■ 所在國家：馬來西亞
■ 登錄年分：2008年
■ 主要相關人物：無

位於馬六甲的葡萄牙統治時期的要塞遺蹟

©KYTan／Shutterstock.com

馬六甲為葡萄牙、荷蘭、英國爭奪殖民地的舞臺，街上有不少要塞遺蹟。

　　隔開東南亞馬來半島（馬來西亞）與蘇門答臘島（印度尼西亞）的馬六甲海峽，連接太平洋和印度洋，自古以來就是海上交通要地。

　　在大航海時代，人們為了等待季風風向變化，會將船停泊在港口，馬六甲因此發展。

　　西元14世紀末，馬來人建立的滿剌加國（馬六甲王國）首都就在馬六甲，只是西元16世紀後此地成為葡萄牙、荷蘭的殖民地，舊城裡還留有歐洲文化的遺蹟。

　　另一方面，檳島位於馬來半島西岸，島上的喬治市至今依然存有代表西元18世紀後半，英國統治時期的歷史性街景。

　　馬六甲與喬治市的文化景觀融合了歐洲及馬來文化，是相當知名的歷史城市。

琉球王國的城堡

資訊
- ■ 遺產名稱：琉球王國的城堡與相關遺址
- ■ 所在國家：日本
- ■ 登錄年分：2000年
- ■ 主要相關人物：尚巴志、尚真王

琉球王國為西元15～19世紀，以現今日本沖繩地區為領土而發展出獨立文化的國家。在西元1879年成為日本領土前，該國憑藉著與中國、東南亞、朝鮮、日本之間的貿易大為繁榮。

西元14世紀，沖繩本島出現「北山」、「中山」、「南山」三個國家（三山），它們和中國等國進行貿易，並建造名為「御城」的城塞，相互競爭。到了西元1429年，中山王尚巴志統一三國，琉球王國就此誕生。

琉球王國的鼎盛時期在西元15世紀後半至16世紀初的尚真王時代。國王居住的都城位於名為「首里」的山丘上，可以俯瞰海外貿易港口（現今那霸港）。

琉球王國建有許多御城，只是在太平洋戰爭末期，即西元1945年，由於美軍登陸後不斷在各地展開戰爭，沖繩島戰役導致包含首里城在內幾乎所有御城都遭到破壞。

現今的首里城是為了紀念沖繩回歸本土二十週年，於西元1992年復原後的建築。涵蓋首里城遺址，共有九個御城被登錄在世界遺產名錄中。

©高橋文武／
Wikimedia Commons

首里城正殿（下）與城壁（左）
首里城為中山王的居城，建於三山時代。包圍城的城壁總長1080公尺，與日本本土城壁不同，曲線相當美麗。

©Fumihiko Ueno／Wikimedia Commons

石見銀山

資訊
■ 遺產名稱：石見銀山與其文化景觀
■ 所在國家：日本
■ 登錄年分：2007年
■ 主要相關人物：無

©KPG_Payless／Shutterstock.com

石見銀山坑道遺址

位於日本島根縣的石見銀山於西元1526年再度被發現，博多（福岡縣）商人不斷在此地進行挖掘。當時，博多為日本最大貿易港口，石見銀山的白銀在與歐洲、東亞國家進行貿易時，被當成「錢」來使用。

西元17世紀初，石見銀山的白銀生產量已占全世界生產量的將近三分之一，直到西元1923年休山為止，該地實際上進行了約四百年的銀礦開採活動。

石見銀山遺址完整保留了銀礦生產至輸送的整體樣貌。

波托西銀山

資訊
■ 遺產名稱：波托西城
■ 所在國家：玻利維亞
■ 登錄年分：1987年
■ 主要相關人物：無

波托西銀山

©Pyty／Shutterstock.com

標高4000公尺的安地斯山脈位於南美洲的玻利維亞南方，而波托西山坐落在更高的高原上，自西元16世紀中葉起，就是繁榮的銀礦產地。

人們約在西元1542～1545年發現波托西山上有銀礦，西元1546年，西班牙人建造波托西城，直至西元17世紀中葉這一百年間，波托西銀山所產的白銀占世界白銀生產量的一半，由於西班牙將大量白銀流入歐洲，導致物價急速上漲。

西元18世紀後，銀礦脈多已開採完畢，波托西銀山因而急速衰退，現在主要生產錫礦。

171

君主專制的開端

　　西元16～17世紀，歐洲因羅馬教會勢力衰退，封建制度瓦解，於是國王擁有絕對權力的君主專制時期展開。國王支援貿易與工商業，與商人連手，獨占從印度、東南亞、美洲等地獲取的財富，掌握極大經濟能力。為了獲得財富，各國開始在海外殖民地引發戰爭。

倫敦塔
英國　　　　P.174

格林威治
英國　　　　P.176

阿姆斯特丹
荷蘭　　　　P.180

泰姬瑪哈陵
印度　　　　P.186

布拉格城
捷克　　　　P.182

艾斯柯里亞修道院
西班牙　　　　P.178

伊斯法罕
伊朗　　　　P.184

果亞
印度　　　　P.188

1558年	英格蘭女王伊莉莎白一世登基。
1581年	尼德蘭（荷蘭）北部七省組成烏得勒支同盟，在奧蘭治親王威廉率領下，發表獨立宣言並組成尼德蘭聯邦共和國。
1588年	英格蘭海軍在格瑞福蘭海戰中擊敗西班牙的無敵艦隊。
1600年	英格蘭成立東印度公司；荷蘭於西元1602年成立東印度公司。
1616年	後金（日後的清朝）建國。
1618年	歐洲爆發宗教戰爭「三十年戰爭」，至西元1648年，歐洲多數國家共同簽訂《西發里亞和約》終結戰爭。
1623年	安汶島事件爆發，英格蘭商館人員遭荷蘭人殺害。之後，荷蘭獨占辛香料貿易。
1643年	法國路易十四世即位。
1682年	俄羅斯帝國的彼得一世即位。
1683年	鄂圖曼帝國軍隊第二次包圍維也納失敗，失去部分歐洲領土。

會安市

越南　　　P.190

©momopixs/Shutterstock.com

亨利八世作為監禁、處刑之地

倫敦塔

資訊

- 遺產名稱：倫敦塔
- 所在國家：英國
- 登錄年分：1988年
- 主要相關人物：亨利八世、安妮‧博林、伊莉莎白一世

●羅馬式風格的軍事設施

聳立於英國泰晤士河畔的倫敦塔，是諾曼第公爵威廉（威廉一世）征服英格蘭後於西元11世紀建立的要塞。

倫敦塔高度約27公尺，完工時為倫敦最高的建築物，由於使用白色石灰岩建造，稱為「白塔」，西元11～16世紀的歷代國王皆居住於此。

不久，宮殿周圍又建造了外牆、塔及各種設施，故改稱為「倫敦塔」。如今，被雙重城牆所包圍的廣大腹地內，總共有十三座塔。

●英格蘭國教會與亨利八世

西元16世紀，英格蘭國王亨利八世為了解決離婚問題＊，和羅馬教宗產生對立。由於羅馬天主教會不允許信徒離婚，亨利八世為此公布《至尊法案》，脫離羅馬天主教會的掌控，創立以國王為首的新式

©donsimon／Shutterstock.com

倫敦塔

西元11世紀後半由諾曼王朝首任國王威廉一世所建。歷代英格蘭國王都將此地作為王宮，後成為王室、國家政治犯的監獄和處刑場，現則為博物館。

亨利八世的盔甲

亨利八世透過各種改革強化中央集權,建立英格蘭君主專制的基礎,其中包括建立英格蘭國教會,這些制度後來都由伊莉莎白一世承襲。

©PPS通信社

教會制度──英格蘭國教會,並順利與凱薩琳王后離婚。

●染血的倫敦塔

亨利八世與新王后安妮‧博林生下女兒伊莉莎白一世,由於沒有生下男性繼承人,不久也失去亨利八世的愛,慘遭處刑。

不斷離婚的亨利八世只要遇到問題,就將王后和身邊的人關到倫敦塔處刑,一直到西元1547年他過世為止,前後共立了六名女性為王后。

倫敦塔最初作為要塞建築,但在漫長的歷史中,曾被當作宮殿、

監獄、處刑場、寶庫、造幣局、天文臺等,繼亨利八世後,也被用於各式用途上。

●不會飛的大渡鴉

倫敦塔中飼養了一些大渡鴉,為了不讓牠們飛,有一部分的翅膀遭切除。自從倫敦塔內設置處刑場後,經常會有烏鴉聚集,加上國王聽聞「只要大烏鴉離開倫敦塔,皇室就會衰微」的預言,因此開始保留飼養一定數量渡鴉的習慣。

＊ 亨利八世與凱薩琳王后沒有生下繼承人,因此他想離婚,與安妮‧博林再婚。但凱薩琳王后是神聖羅馬帝國皇帝查理五世的阿姨,查理五世與羅馬教宗之間關係密切。

倫敦塔的渡鴉

自西元17世紀國王查理二世聽聞預言後,時至今日,仍非常重視飼養渡鴉。

©Anna Kucherova／Shutterstock.com

英格蘭為海權強國的象徵

格林威治

資訊

■ 遺產名稱：海事格林威治
■ 所在國家：英國
■ 登錄年分：1997年
■ 主要相關人物：伊莉莎白一世、德瑞克

©Leonid Andronov／Shutterstock.com

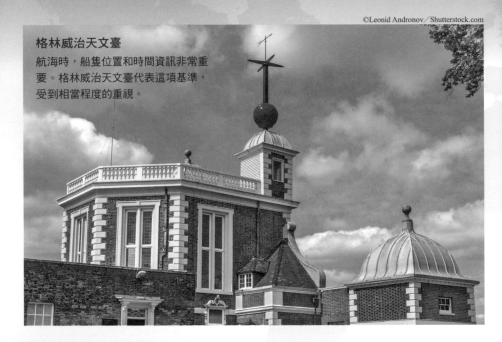

格林威治天文臺
航海時，船隻位置和時間資訊非常重要。格林威治天文臺代表這項基準，受到相當程度的重視。

●建立君主專制的女王

西元1558年，亨利八世之女——伊莉莎白一世成為英格蘭女王。當時英格蘭國內因亨利八世建立英格蘭國教會，導致天主教、新教和國教會三者對立，極為混亂。

為此，伊莉莎白一世以英格蘭國教會統一所有教會，並制定《統一法案》，強化國教會的力量，規定了禮拜和祈禱的儀式。

於是，英格蘭國王取代羅馬教宗成為國教會最高首長，伊莉莎白一世也將英格蘭的政治、宗教權力掌握手中。

●取得海上霸權的英格蘭

伊莉莎白一世以發給海盜「私掠許可證」作為交換，允許他們掠奪敵國船隻，而海盜必須將部分所得金錢、物品交給國家，伊莉莎白一世因而得手巨大財富。

西元1588年，英格蘭與西班牙發生海戰，她命令原為海盜的德瑞克為副司令官，擊敗西班牙的無

敵艦隊（⇨p.179）。

　　之後，英格蘭成為海權強國，地位上升，榮耀一直持續到西元19世紀的維多利亞女王時代，以及西元20世紀初期。

●英格蘭海權的象徵

　　格林威治位於倫敦郊外，自大航海時代至西元19世紀末為止，一直是英格蘭的海運交通要地，相當繁榮。

　　西元1675年建造的格林威治天文臺，保留昔日大航海時代的痕跡。人們以此地所觀測到的星象圖為基礎，定出英格蘭的位置和時間。西元1884年，人們更決定將格林威治天文臺定為航海時用來測量船隻位置、距離與時間的國際標準──本初子午線*基準點。

©PPS通信社

本初子午線（經度零度）的紀念雕塑
經度是以格林威治的這條線為基準所制定。

* 世界地圖中畫在經度零度位置上的經線。西元1884年的國際會議上，人們決定將通過格林威治天文臺的經度零度本初子午線定為基準。

國立海事博物館
該館收藏許多有關大航海時代的史料，是世界上規模最大的海洋史博物館。

©PPS通信社

NATIONAL MARITIME MUSEUM

訴說「日不落國」的歷史

艾斯柯里亞修道院

●毫無裝飾的埃雷拉式風格外觀

艾斯柯里亞修道院位於西班牙首都馬德里的西北地區，腹地內有王宮、神學院、圖書館、醫院等，為複合性的皇室建築群。

西元1557年，國王腓力二世率領西班牙軍隊和法國大戰，獲得勝利，虔誠的天主教徒腓力二世決定興建修道院，以求聖人庇佑。

西元1563年開工，經過二十一年終於完成。這段期間，曾有一千五百名國內外畫家、金匠師傅、雕刻家集結於此，在三百間房間內部裝飾美麗的溼壁畫。艾斯柯里亞修道院內部相當奢華，外觀卻完全沒有任何裝飾，據說是因為腓力二世喜歡希臘、羅馬建築的機能美，而這種建築風格以建築師胡安‧德‧埃雷拉之名，命名為「埃雷拉式風格」。

西元1584年，艾斯柯里亞修道院完工後，日本少年使節＊曾到訪，謁見腓力二世。

艾斯柯里亞修道院的外觀
當時西班牙的宮殿等建築大多偏好哥德式風格，外觀很多裝飾，不過腓力二世故意反其道而行。

■ 遺產名稱：馬德里的艾斯柯里亞
　修道院和遺址
■ 所在國家：西班牙
■ 登錄年分：1984年
■ 主要相關人物：腓力二世、神聖
　羅馬帝國皇帝查理五世

資訊

●西班牙國王腓力二世

　　腓力二世的父親為哈布斯堡家族出身的西班牙國王查理一世（又譯卡洛斯一世），他身兼神聖羅馬帝國皇帝，自稱查理五世，由於鄂圖曼帝國包圍維也納造成巨大隱憂，於西元1556年退位，由兒子腓力二世接任西班牙國王。

　　西元1571年，腓力二世在希臘與統治地中海的鄂圖曼帝國進行勒班陀海戰，擊敗對方，阻止鄂圖曼帝國侵略歐洲。

©PPS通信社

艾斯柯里亞修道院內的圖書館
相對於裝飾鮮少的外觀，內部有著鮮豔的溼壁畫。

●稱「日不落國」的世界級大帝國

　　西元1580年，兼任葡萄牙國王的腓力二世，帶領西班牙進入全盛時期，由於領土廣闊，又被稱為「日不落國」。

　　然而，擁有許多新教徒的西班牙屬尼德蘭北部七省宣布獨立後，西元1588年，西班牙派遣無敵艦隊攻打支援此事的英格蘭，最後卻被擊敗。

©Migel／Shutterstock.com

＊　西元1582年，九州的吉利支丹大名派遣以四名少年為主的使節團前去訪問，稱為「天正遣歐使節」，他們環遊歐洲，還謁見羅馬教宗。

成功獨立的荷蘭中心城市

阿姆斯特丹

資訊

■ 遺產名稱：阿姆斯特丹辛格運
　河內的17世紀環狀運河區
■ 所在國家：荷蘭
■ 登錄年分：2010年
■ 主要相關人物：安妮・法蘭克

●打造港灣城市的運河網

　　荷蘭（低地國）自西元1568
年開始，以脫離西班牙獨立為目標
展開戰爭，西元16世紀末以後，便
以海洋國家的身分進入黃金時期。

　　西元1602年，荷蘭成立東印
度公司，趁著和亞洲貿易的機會，
於西元1609年達成實質上的獨
立。荷蘭因與日本進行貿易，以及
在印尼、南非等地建立殖民地而成
為富裕國家，更在西元1648年的
《西發里亞和約》（⇨p.183）中獲得
國際承認的獨立地位。西元16世紀
末至17世紀初，荷蘭最大的城市阿
姆斯特丹進行運河網整修，成為代
表歐洲的港灣城市。

●填平沼澤地而成的街道

　　運河的範圍從阿姆斯特丹舊城
到最外側的辛格運河，相當寬闊。
在沼澤地繁多的荷蘭，人們藉由填
平沼澤地來擴大城市。

　　建設完成的運河為當時規模最
大的填海造陸工程，荷蘭遂成為城
市開發的典範，集結全世界的目
光。由於積極的殖民地等政策，不
僅阿姆斯特丹成為國際金融中心，

西元17世紀還被稱為「荷蘭的世
紀」。

　　第二次世界大戰（⇨p.238）之
際，阿姆斯特丹遭希特勒的納粹德
國占領，少女安妮・法蘭克一家為
逃離納粹德國的迫害，藏匿在位於
阿姆斯特丹的密室中。最終倖存的
父親取得安妮留在密室裡的日記本
並出版，後來這本書以《安妮的日
記》聞名世界。

©PPS通信社

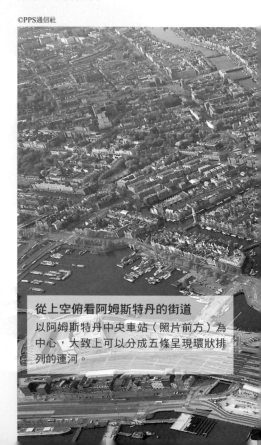

從上空俯看阿姆斯特丹的街道
以阿姆斯特丹中央車站（照片前方）為
中心，大致上可以分成五條呈現環狀排
列的運河。

©miroslav110／Shutterstock.com

阿姆斯特丹街景
利用填地打造出來的城市街景相當統一，住家就坐落在運河邊。

三十年戰爭的爆發地

布拉格城

資訊

- ■遺產名稱：布拉格歷史中心
- ■所在國家：捷克
- ■登錄年分：1992年
- ■主要相關人物：查理四世

©Xiong Wei／Shutterstock.

布拉格城與城內的聖維特大教堂
聖維特大教堂的基地建於西元929年，後在查理四世的命令下重新改建，於一千年後的西元1929年完成。

●「黃金布拉格」

捷克首都布拉格，源自西元6世紀後半，斯拉夫民族在伏爾塔瓦河岸建立聚落，西元7世紀在山丘上建築要塞。

西元14世紀中葉，波西米亞國王以神聖羅馬帝國皇帝查理四世的身分登基，布拉格遂成為神聖羅馬帝國的首都。舊城旁建造了新城，成長為中歐首屈一指的城市，被稱為「黃金布拉格」。

查理四世熱愛藝術和學問，他贊助聖維特大教堂改裝工程、建立中歐最古老的大學之一「布拉格大學」（現稱為布拉格查理大學）、整建新城市等，打造城市的基礎。

●天主教與新教徒的戰爭

西元1618年，席捲歐洲全土的宗教戰爭「三十年戰爭」爆發，最初地點就在布拉格。

由於神聖羅馬帝國皇帝強迫波希米亞的新教徒貴族改信天主教，於是他們闖入布拉格城，將國王的使者扔出窗外。

同樣信仰天主教的西班牙哈布斯堡家族加入神聖羅馬帝國陣營；而信奉新教的瑞典與丹麥則加入新教徒的陣營。後來，與哈布斯堡家族不睦的天主教國家法國也決定協助新教國家。

在法國成為新教國家的夥伴之後，戰況開始對舊教國家不利。西元1648年，歐洲多數國家共同簽訂《西發里亞和約》＊，對歐洲造成許多損害的三十年戰爭也畫下句點。

＊ 世界歷史上第一條近代國際條約。神聖羅馬帝國境內的各諸侯國主權獲得承認；哈布斯堡家族統治權限定在奧地利；法國和瑞典獲得部分領土；荷蘭、瑞士獨立獲得承認。

查理四世的銅像
以「布拉格查理大學」和「查理大橋」為首，布拉格市區內有許多以查理四世為名的建築物。

©zatletic／123RF

橫跨伏爾塔瓦河的查理大橋
為全長約520公尺的石橋，橋旁有查理四世的銅像。

©S-F／Shutterstock.com

「擁有半天下」的國際商業城市

伊斯法罕

資訊

■ 遺產名稱：伊斯法罕的伊瑪目廣場
■ 所在國家：伊朗
■ 登錄年分：1979年
■ 主要相關人物：阿拔斯一世

● 薩法維波斯帝國的繁榮

統一中亞的帖木兒帝國（⇨p.160）衰亡後，西元16世紀初，伊朗出現薩法維波斯帝國取代其地位。

以伊斯蘭什葉派為國教的薩法維波斯帝國與鄂圖曼等帝國展開競爭，到了西元17世紀前半，國力在阿拔斯一世時期達到顛峰。

● 記述在《古蘭經》中的「樂園」

伊朗中部的伊斯法罕是水資源豐富且充滿綠意的綠洲城市，接近伊朗高原的中央。

西元1598年，阿拔斯一世將此地定為首都，並以記述在《古蘭經》中的「樂園」為範本，進行雄偉的城市建設。於是，結合舊城與新城的「君王廣場＊」就此誕生。

伊瑪目廣場與伊瑪目清真寺
四座宣禮塔與巨大藍色圓頂是伊瑪目清真寺的特徵。

在市集買東西的人們
從廣場北方的奎沙林柱廊開始，有一條沿續2公里的市集。

©JPRichard／Shutterstock.com

●「伊斯法罕擁有世界的一半」

廣場由雙層結構的迴廊包圍，東西南北各建有相當重要的建築

©Milonk／Shutterstock.com

物。西元1630年，南側的伊瑪目清真寺在阿拔斯一世的命令下完成，為伊斯蘭宗教建築，這座用藍色瓷磚裝飾的清真寺，被視為伊朗建築的最高傑作。

西側的阿里卡普宮為改造西元15世紀帖木兒帝國的宮殿而成，為伊朗最古老的高層建築物。

東側的柔特菲拉清真寺為皇室專用清真寺，和伊瑪目清真寺相互呼應，圓頂用黃色瓷磚裝飾。北側奎沙林柱廊一帶，後來發展成市集（市場）。

西元17世紀，伊斯法罕的人口超過五十萬人，是能夠與伊斯坦堡、巴黎並稱的國際商業城市，繁榮情景甚至得到「伊斯法罕擁有半天下」的讚美。

＊ 西元1979年爆發伊朗革命後，改名為「伊瑪目廣場」。

蒙兀兒帝國鼎盛時期的白色陵墓

泰姬瑪哈陵

資訊

■ 遺產名稱：泰姬瑪哈陵
■ 所在國家：印度
■ 登錄年分：1983年
■ 主要相關人物：阿克巴、沙迦罕

©Nickolay Stanev／Shutterstock.com

泰姬瑪哈陵
召集全世界建築師前來建造，所以可以看見歐洲巴洛克式風格的影響。

●帖木兒子孫建立的帝國

　　西元1526年，帖木兒（⇨p.160）的子孫巴卑爾在北印度建立了伊斯蘭王朝蒙兀兒帝國的基礎。

　　第三代皇帝阿克巴廢除非穆斯林須繳納人頭稅（音譯為吉茲亞）的制度，致力於藝術等文化層面，穩固蒙兀兒帝國的根基。

●化為虛幻的黑色泰姬瑪哈陵

　　位於印度北部亞格拉的泰姬瑪哈陵約西元1654年完工，是阿克巴子孫——蒙兀兒帝國第五代皇帝沙迦罕為了過世的皇后所建造的陵墓。

　　沙迦罕原本計畫用黑色大理石再建造一座自己的陵墓，與泰姬瑪

哈陵相望，再以橋梁連接兩座陵墓，但當時皇子們已開始爭權奪位，沙迦罕便被其中一名兒子奧朗則布幽禁在亞格拉城裡。

沙迦罕在亞格拉城內瞭望著泰姬瑪哈陵，在失意中過世，其遺體安葬於泰姬瑪哈陵內，棺木和皇后擺在一起。

後來，成為第六代皇帝的奧朗則布不僅恢復人頭稅，對其他宗教更採取嚴格政策，導致蒙兀兒帝國走向滅亡。

©PPS通信社
沙迦罕的棺木（後方）與皇后棺木（前方）

●採用大理石建造的陵墓

泰姬瑪哈陵擁有總面積17萬平方公尺的廣大腹地，被評為印度伊斯蘭建築的最高傑作。

只要穿過南門，就可以看見波斯式的寬闊庭院，使用白色大理石建造的陵墓佇立於正中央。

陵墓左右為清真寺和形狀相同的客用建築物，腹地內完全呈現左右對稱。

©saiko3p／Shutterstock.com

泰姬瑪哈陵旁的清真寺內部
與使用白色大理石建造的泰姬瑪哈陵不同，清真寺使用紅色砂岩。

耶穌會的亞洲傳教地點

資訊

果亞

■ 遺產名稱：果亞教堂與修道院
■ 所在國家：印度
■ 登錄年分：1986年
■ 主要相關人物：方濟・沙勿略

●葡萄牙的亞洲據點

西元16世紀初之前，印度西海岸的港口果亞（舊果亞）受伊斯蘭王朝所統治。

大航海時代開始後，果亞被想要辛香料的葡萄牙占領，西元1530年成為葡萄牙屬印度的首都。這個時期，果亞的街景被改建為類似葡萄牙首都里斯本的風格。此外，里斯本和果亞之間有定期航路連接，藉此進行經由南非好望角的海上貿易。果亞成為葡萄牙的亞洲貿易中心，大為繁榮，據說鼎盛時期人口超過二十萬。

安置沙勿略遺體的棺木
在日本傳教後，沙勿略回到果亞，西元1552年在前往中國傳教途中過世。

仁慈耶穌大教堂
安置方濟‧沙勿略遺體的教堂，為融合文藝復興與巴洛克式風格的建築物。

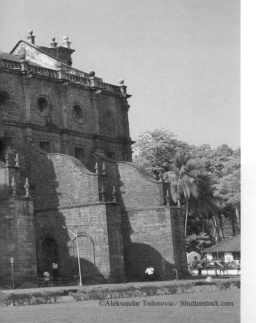

●沙勿略的傳教活動

西元1534年，羅馬天主教會的大教堂完工，果亞成為亞洲傳教的核心地區。之後，以日本為目標的傳教士也從果亞前往長崎。

西元16世紀中葉，耶穌會*的方濟‧沙勿略受葡萄牙國王委託前往果亞，不久該地便出現許多聖堂與修道院。沙勿略在西元1549年登陸鹿兒島，天主教首度流傳至日本，因而聞名。

果亞直至西元20世紀中葉為止都是葡萄牙殖民地，但隨著時間流逝，越來越多宗教建築消失，現今只剩下十多個，而方濟‧沙勿略的遺體安置在其中的仁慈耶穌大教堂裡。

* 天主教的男子修道會。西元1534年，由依納爵‧羅耀拉、方濟‧沙勿略等人創立，在世界各地進行傳教活動。

作為日本與東南亞橋梁的港口

會安市

資訊

■ 遺產名稱：會安古鎮
■ 所在國家：越南
■ 登錄年分：1999年
■ 主要相關人物：無

©miroslav110／Shutterstock.com

●中繼貿易的據點

會安位於越南中部的秋盆河河口，西元16～19世紀時為國際貿易港口，是相當繁榮的古鎮。

西元1558年，廣南國於順化市（⇨p.228）建立，會安因而發展為連接中國、印度與中東的中繼貿易據點，也是尋求與東亞貿易的歐洲各國貿易船隻停泊地。

●會安的「日本橋」

廣南國和江戶幕府之間的「朱印船＊」貿易相當盛行。從日本移居至會安的人們打造了日本街，據說鼎盛時期的移民者高達一千人。

在會安舊城內，古老建築物以中國街為中心四處林立，留下過去的繁榮遺蹟。

連接中國街與日本街的「來遠

來遠橋外觀（下）與內部（右）
西元20世紀越戰爆發，會安免於戰火波及，因此能留下古老街景。

©PPS通信社

橋」，建造成有屋頂的獨特造型，諛傳此橋為日本工匠修築，故又稱為「日本橋」。

東南亞各地皆有日本移民創建的「日本人町」留存，而在江戶幕府進行鎖國之前，日本人持續移居至會安。

廣南國將會安發展為越南最大的國際貿易港口，直至西元1777年，也就是建國兩百一十九年後才滅亡。

＊ 指持有朱印狀（江戶幕府核發的貿易許可狀）的商船。

位於中國街的福建會館

©Jimmy Tran／Shutterstock.com

11章

平民革命與工業革命

　　在英格蘭，不滿君主制的呼聲高漲，為了尊重議會、保護國民權利，清教徒革命就此爆發。之後，英格蘭藉由《權利宣言》和《權利法案》限制國王權限，開始實施以議會為中心的政治制度。而在維持封建制度的法國，隨著啟蒙思想的普及，人民逐漸不滿階級制度，引發法國大革命。由於平民革命爆發，平民與農民的影響力變大，再加上工業革命，富裕的平民增加，平民逐漸獲得參政權。

福斯鐵橋	
英國	P.203

西敏宮	
英國	P.194

隆貝製絲廠	
英國	P.201

巴黎	
法國	P.198

鐵橋谷	
英國	P.202

凡爾賽宮	
法國	P.196

新拉納克	
英國	P.200

埃爾瓦什	
葡萄牙	P.204

石頭城	
坦尚尼亞	P.211

詹姆斯島	
甘比亞	P.209

格雷島	
塞內加爾	P.208

莫恩山	
模里西斯	P.210

1620年	朝聖先輩定居北美洲的普利茅斯。
1649年	英格蘭的查理一世慘遭處刑，獨立派的克倫威爾建立共和政府，後人將這些紛爭稱為「清教徒革命」。
1660年	克倫威爾過世後，查理二世恢復君主制。
1689年	威廉三世與瑪麗二世承認議會通過的《權利宣言》和《權利法案》，共同統治英格蘭，後人稱為「光榮革命」。
1732年	大不列顛王國（簡稱英國）於北美洲建立了十三個殖民地。
18世紀後半	英國展開工業革命，擁有財產的資本家藉由雇用勞工大量生產商品獲得財富，形成資本主義體制。
1773年	北美洲十三個殖民地對母國英國的政策不滿，爆發波士頓茶葉事件。
1775年	美國發起獨立戰爭（～西元1783年），西元1776年並發表《美國獨立宣言》。英國簽訂《巴黎條約》承認其獨立。
1789年	法國大革命，人民對身分階級制度的不滿爆發。
1792年	法國廢除君主制度並建立共和政府，第一共和國誕生。

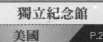

獨立紀念館

美國	P.206

©James Dugan / Shutterstock.com

澳大利亞監獄遺址

澳大利亞	P.211

兩大平民革命的中心地

西敏宮

西敏宮
內部有英國議會。右邊的鐘塔名為「大笨鐘」，是倫敦的象徵。

©Marco Govel／Shutterstock.com

●英格蘭歷史的中心地區

　　自中世紀以來，倫敦的西敏便象徵著英國王室、議會和教會地區，該地矗立著西元11世紀中葉建造的西敏宮、西敏寺（修道院）和聖瑪格麗特教堂。

　　西元16世紀之前，宮殿用來作為英格蘭國王的居所等，後來則當作國會議場。此外，繼西元1066年的威廉一世之後，幾乎所有國王都在西敏寺舉行加冕典禮（登基儀式）。相鄰的聖瑪格麗特教堂是一般信眾的禮拜堂，現今建築物大部分重建於西元1523年。

●反對君主制的清教徒革命

　　西元16世紀，亨利八世制定了以國王為最高首長的英格蘭國教會

*1 認為國王權力為上天賜予，不得任意侵犯的思想。
*2 由新教徒組成並與國王對立的議會改革派，主要勢力有長老派、獨立派和平等派三個團體。

資訊	■ 遺產名稱：西敏宮、西敏寺與聖瑪格麗特教堂 ■ 所在國家：英國 ■ 登錄年分：1987年 ■ 主要相關人物：克倫威爾、查理一世、查理二世、詹姆斯二世、威廉三世、瑪麗二世

（⇨p.174）。西元17世紀初，繼承伊莉莎白一世的詹姆斯一世和下任國王查理一世主張君權神授[1]，打壓天主教信徒與清教徒。由於國王的行動藐視議會，兩者對立因此加深。

西元1642年，反對查理一世的議會派[2]與保王派發生內戰，查理一世戰敗，慘遭處刑。而在此次革命中嶄露頭角的克倫威爾則建立了共和政府[3]，這一連串事件被後人稱為「清教徒革命」。後來克倫威爾的施政卻走向獨裁政治，在他過世後，君主制再度恢復（君主制復辟）。

● 沒有流血的光榮革命

雖然再度恢復君主制，但不久國王查理二世與下任國王詹姆斯二世又與議會發生對立，於是議會請求荷蘭總督奧蘭治親王威廉派兵，詹姆斯二世只好逃亡國外。威廉三世與妻子瑪麗二世[4]同時即位，兩人皆簽署了議會通過的《權利宣言》和《權利法案》，共同統治英格蘭。

由於議會在兵不血刃的情況下革命成功，這場革命被後人稱為「光榮革命」。

[3] 政治不再由世襲國王掌控，而是經由選舉方式選出治理國家的人選。
[4] 詹姆斯二世的女兒。

在西敏宮內舉行的現代英國議會情景

©PPS通信社

法國君主專制的象徵

凡爾賽宮

資訊

- ■ 遺產名稱：凡爾賽宮與其庭園
- ■ 所在國家：法國
- ■ 登錄年分：1979年
- ■ 主要相關人物：路易十四世、路易十六世、瑪麗・安東妮

凡爾賽宮

©Worakit Sirijinda／Shutterstock.com

王室在宮殿內的奢華生活，為法國財政帶來強烈打擊。

●「太陽王」建造的宮殿

位於法國首都巴黎西南方約20公里處的凡爾賽宮，是開創波旁王朝鼎盛時期、被稱為「太陽王」的路易十四世所建造的皇宮。法國大革命時，國王路易十六世和王后瑪麗・安東妮便住在此地，因而廣為人知。西元1682年，凡爾賽宮幾乎完工，只是不斷增建、改裝，待所有工程結束時，已經是西元19世紀之後。

該宮殿被視為法國巴洛克式建築的傑作，內部裝飾相當奢華，出自當時頂尖的藝術家之手。

庭園採用幾何學風格的外形，還有引流自塞納河的噴水池，為典型的法式庭園。西元17～18世紀期間，法國政治的中心地就是凡爾賽宮。

●路易十四世的君主專制

路易十四世主張君權神授，施行君主專制，透過戰爭擴大領土。他的統治長達七十二年，受到反覆戰爭與奢華建築物等影響，法國財政因此惡化。

---

* 意指因政治迫害等原因，從祖國逃到他國。瑪麗・安東妮為奧地利哈布斯堡家族的女兒，當時奧地利皇帝為瑪麗・安東妮的兄長李奧波德二世。

●國民議會引發的法國革命

為了解決從路易十四世時代開始不斷膨脹的王室赤字問題，西元1789年，國王路易十六世嘗試向神職人員與貴族等特權階級徵稅。但特權階級強烈反對，於是要求召開由神職人員、貴族、平民三種身分代表進行商討的「三級會議」。會議中，特權階級與平民身分代表因表決方式無法取得共識，平民代表便自行召開「國民議會」，許多人跨越身分階級，集結於此。

感到威脅的路易十六世以武力鎮壓國民議會，引發人民暴動，法國大革命就此揭開序幕。

●走向悲劇末路的波旁王朝

西元1791年，路易十六世一

©Pack-Shot／Shutterstock.com

凡爾賽宮的庭園
特徵為樣式繁複，對他國庭園設計造成極大影響。

家人企圖流亡*至王后瑪麗・安東妮的祖國奧地利，但在距離國境些許之差的瓦雷納被抓回來（瓦雷納出逃事件），西元1793年，路易十六世與瑪麗・安東妮慘遭處刑。

之後，主導革命的政治家羅伯斯比爾成為法國領導人，進行各項改革，最後卻變成多數派迫害反對派的恐怖政治。

©Jose Ignacio Soto／Shutterstock.com

凡爾賽宮的「鏡廳」
利用鏡子反射從窗戶照進來的光。第一次世界大戰後的和約《凡爾賽條約》即是在此簽訂。

平民革命與工業革命

數次成為歷史舞臺的城市

巴黎

資訊

■ 遺產名稱：巴黎的塞納河畔
■ 所在國家：法國
■ 登錄年分：1991年
■ 主要相關人物：路易十六世、
　瑪麗・安東妮、拿破崙三世、
　奧斯曼

● 位居河川交通要地而發達

　　巴黎的歷史始於西元前3世紀，巴黎士族在塞納河上的西堤島定居。遭到羅馬軍隊侵略後，該地因身為河川交通要地而發達，西堤島周邊也出現羅馬式風格的城市。

　　西元4世紀，這一帶改名為巴黎；西元6世紀初，法蘭克王國的克洛維將此地設為首都，因而成為繁榮的商業城市。西元1163年，西堤島上開始建造天主教教堂——巴黎聖母院。

©PPS通信社

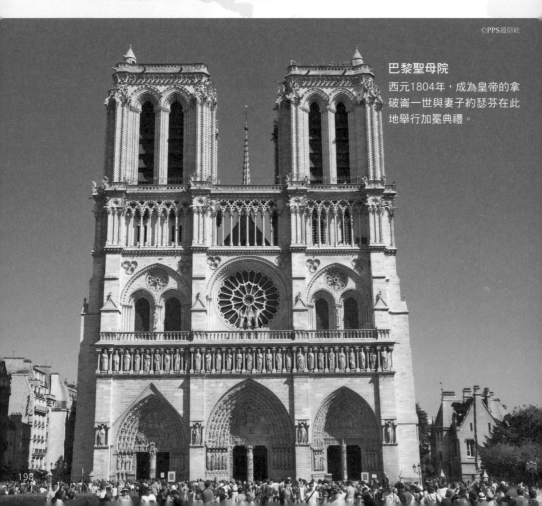

巴黎聖母院
西元1804年，成為皇帝的拿破崙一世與妻子約瑟芬在此地舉行加冕典禮。

●啟蒙思想引發的革命

西元18世紀後半，巴黎成為歐洲啟蒙思想*的中心地，藝術、科學、哲學大為發達。啟蒙思想引發人們對君權神授、君主專制的批判，君主制也因法國大革命而垮臺（⇨p.196）。

巴黎的革命廣場（現今協和廣場）上設有斷頭臺，路易十六世和瑪麗‧安東妮便是在此地遭處刑。

* 基於理性和科學精神，對社會不公義現象進行改革的思想。

●因工業革命成為現代城市

法國大革命後，巴黎陷入混亂，導致其他國家企圖趁機進攻，而平定混亂局勢的人，就是年輕的軍人拿破崙‧波拿巴（拿破崙一世）。從埃及遠征回國的他發動政變（用武力奪取政權），於西元1799年成為法國的獨裁掌權者。

進入西元19世紀，法國也展開工業革命（⇨p.200）。西元19世紀後半，奧斯曼受拿破崙三世重用，改造巴黎，原本保有中世紀樣貌的城市轉變為近代城市，成為全世界城市計畫的典範。

協和廣場
法國大革命期間，除了路易十六世、瑪麗‧安東妮之外，還有許多人在此被處刑。廣場內的方尖碑（石柱）是埃及政府贈送給法國的禮物。

©Kate Connes／Shutterstock.com

以理想為目標的工業社區

新拉納克

資訊

■ 遺產名稱：新拉納克
■ 所在國家：英國
■ 登錄年分：2001年
■ 主要相關人物：大衛‧戴爾、
　　　　　　　　羅伯特‧歐文

平民革命與工業革命

©Chris Jenner／Shutterstock.com

羅伯特‧歐文位於新拉納克的家
歐文在新拉納克建立學校，教導勞工子女閱讀和計算等。

●揭開近代社會的序幕

　　英國在西元18世紀時領先全球，展開工業革命，人們使用機械製造物品的生產方式，不僅使產業本身，連經濟和社會也發生變化。

　　而工業革命與平民革命都代表著「近代」歷史的開端。

　　成為工業革命動力的其中一個要因，就是製棉工業的技術革新。之前人們透過雙手將棉花製成棉線（紡紗），接著才能以手工織成布疋，然而隨著各式紡紗機的發明，生產效率呈現飛越式的提升，棉製品因而得以大量生產。

●利用水力的紡織工廠

西元18世紀，實業家大衛・戴爾在蘇格蘭溪谷的村落新拉納克成立一家紡織工廠。

藉由上游水壩的水力，再運用最新式的水力紡紗機＊，大量生產出高品質的棉線。工廠裡有四個水車，以及為工廠勞工和其家人建造的住宅。

繼承這項事業的人是戴爾女兒的丈夫，也就是以人道主義者出名的羅伯特・歐文。他為了改善勞工的工作環境，並讓勞工子女接受教育，實施縮短工時制度，並興建學校和醫院，整頓勞工的生活環境。

隨著工業革命的進行，勞工的惡劣生活與勞動環境也成為問題，因此歐文所在的新拉納克在這方面可說是採取相當嶄新的對策。

新拉納克的紡騾紡紗機
西元1779年，克朗普頓發明的紡紗機，結合過去主流的多軸紡紗機（珍妮紡紗機）與水力紡紗機兩者的優點。

©PPS通信社

揭開近代工業的工業區

©Arena Photo UK／Shutterstock.com

英國中部的德文特河谷是西元18世紀後半～19世紀工業革命時期的紡織工廠所在區域，西元2001年以「德文特河谷工業區」之名登錄於世界遺產名錄中。

其中，克羅姆福德磨坊是阿克萊特發明的水力紡紗機首度運作之地，此處也被視為近代工廠機械工業發祥地。

位於德比的隆貝製絲廠
工廠周圍如新拉納克一般建有勞工住家與其他設施，對日後的工業城市建設帶來極大影響。

＊ 利用河川的水流使水車運轉，再藉運轉的力量製作棉線。

工業革命發祥地之一

鐵橋谷

●發明劃時代的製鐵法

位於倫敦西北約180公里的伯明罕郊外，自西元18世紀後半便是相當發達的英國製鐵業中心地區。製鐵業與纖維業一同成為工業革命的動力，是對現代化具有偌大貢獻的產業。

西元1709年，達比發明利用乾餾煤炭後所形成的焦炭來煉鐵的「焦炭煉鐵法」。其子達比二世成功透過焦炭和高爐*大量生產生鐵（用熔媒爐熔化鐵礦石後直接做成的鐵）並加以實用化，使英國的製

鐵技術飛躍成長。而伯明罕郊外的鐵橋谷，就是進行此作業的舞臺。

●世界第一條鐵橋

西元1779年，此地出現世界第一條全長60公尺、寬7公尺、總重量400噸的巨大鐵橋，建造者為焦炭煉鐵法發明者達比之孫達比三世。在這個峽谷可以很輕鬆得到製鐵原料，加上河川又廣又深，能夠將商品運到大海，因而成為工業革命時期的製鐵業中心。

* 自礦石中提煉生鐵的熔煤爐，又稱煉鐵爐。

資訊

■ 遺產名稱：鐵橋谷
■ 所在國家：英國
■ 登錄年分：1986年
■ 主要相關人物：達比

鐵橋谷
正式名稱為「柯爾布魯克戴爾鐵橋」，
附近有達比製鐵廠等遺址。

©stocker1970／Shutterstock.com

嶄新的福斯鐵橋

©Ross Strachan／Shutterstock.com

　　橫跨英國與蘇格蘭福斯灣的鐵橋，是西元1890年完成的鋼鐵製橋梁。隨著工業革命的發展，英國也架設了鐵路網，只是因為強風不斷造成鐵橋崩落事故，人們認為必須要建造更堅固的鐵橋。

　　於是，全長2529公尺的巨大鐵橋「福斯鐵橋」就此問世。

　　該鐵橋的構造、價值與大小都具有嶄新意義，現在仍在使用。

福斯鐵橋
西元2015年登錄於世界遺產名錄中，至今仍在使用。

歷時三世紀建設的要塞城市

埃爾瓦什

資訊

■ 遺產名稱：埃爾瓦什邊防城市及其防禦工事
■ 所在國家：葡萄牙
■ 登錄年分：2012年
■ 主要相關人物：腓力二世、腓力四世

●爭奪領土的最前線

　　葡萄牙城市埃爾瓦什位於首都里斯本以東，鄰近西班牙的國境線，此地因而成為葡萄牙與西班牙爭奪領土的最前線。

　　在大航海時代，葡萄牙為世界霸主，搜羅了許多財富，但由於王位沒有繼承人，西元1580～1640年間，葡萄牙與西班牙合併。

●衰退的葡萄牙

　　與西班牙合併的時代，實施西班牙國王兼任葡萄牙國王的「共主邦聯」制度，例如西班牙國王腓力二世自西元1580年起以腓力一世之名，統治葡萄牙。

　　西元1640年，西班牙國王腓力四世（葡萄牙國王腓力三世）的年代，葡萄牙人向西班牙人發動叛亂，成功獨立。然而西元19世紀

埃爾瓦什城
©PPS通信社

©Eduardo Estellez／Shutterstock.com

埃爾瓦什城上的炮臺

初，法國的拿破崙一世侵略葡萄牙時，葡萄牙王室卻在西元1807年逃亡殖民地巴西*。

●世界最大規模的邊防城市

在這場混亂之中，埃爾瓦什從西元17～19世紀年間逐漸變成要塞，成為擁有世界規模最大防衛系統的邊防城市。

因西班牙與葡萄牙之間的國際關係，埃爾瓦什成為要塞城市，是相當寶貴的地方。

* 逃亡的葡萄牙王室於西元1821年回到首都里斯本，在西元1910年的革命中遭到廢除。

阿莫雷拉水道橋
西元15～17世紀期間建造的水道橋，全長約7公里，現在仍在使用。
©Kartouchken／Shutterstock.com

平民革命與工業革命

美利堅合眾國誕生地

獨立紀念館

資訊

- ■ 遺產名稱：獨立紀念館
- ■ 所在國家：美國
- ■ 登錄年分：1979年
- ■ 主要相關人物：華盛頓、湯瑪斯・傑佛遜

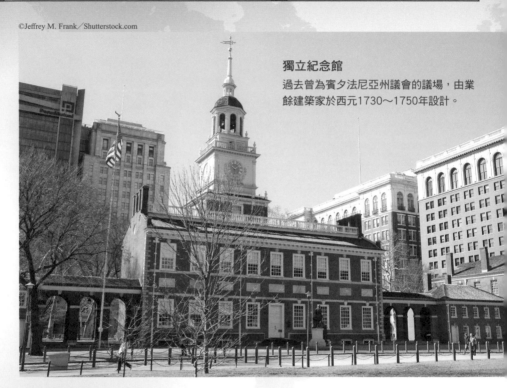

©Jeffrey M. Frank／Shutterstock.com

獨立紀念館
過去曾為賓夕法尼亞州議會的議場，由業餘建築家於西元1730～1750年設計。

●移民者建立的移居地

　　美國是從英國等國渡海而至的移民所建立的國家。西元1607年，北美洲東海岸出現第一個英國殖民地「維吉尼亞」。

　　十三年後，在英國遭受宗教打壓的清教徒（⇨p.195）為尋求信仰自由，搭乘名為「五月花號」的船到北美洲，建立了新英格蘭殖民地。英國一開始允許殖民地擁有一定的自治權，同意設立殖民地議會。後

來由於英國的美洲大陸殖民地政策，西元17～18世紀，荷蘭、法國也紛紛在北美洲建立殖民地。

●為求獨立的戰爭

　　美國獨立當時的十三州，原是英國移民建立的殖民地，居民苦於母國課徵的重稅，於西元1775年對英國發起獨立戰爭。

　　在華盛頓的領導下，殖民地軍隊最初陷入苦戰，待得到法國等國

的支援後，漸漸獲得戰爭優勢。西元1776年，殖民地代表在費城召開會議，發表《美國獨立宣言》，該宣言由代表維吉尼亞州的湯瑪斯·傑佛遜所起草。

●「自由鐘」

對此，英軍耗費約九個月的時間占領費城，在約克鎮圍城戰役中被擊敗後，於西元1783年簽署《巴黎條約》，承認美國獨立。

州議會議場後來成為「獨立紀念館」，在發表獨立宣言時敲響的鐘也成為「自由鐘」被保存下來。

關於西元1777年發表的美國國旗（俗稱「星條旗」），第一任總統華盛頓說明「星星代表天空，紅線代表母國英國，畫過紅底的白線代表脫離英國後獨立」，紅與白的十三條線為獨立當時的州數，星星則表示國家的所有州數（現為五十州）。

©James Dugan／Shutterstock.com

©Racheal Grazias／Shutterstock.com

華盛頓銅像（右上）與自由鐘（左下）
曾為農場經營者的華盛頓在英國與法國爭奪北美大陸所引發的英法北美戰爭中，加入英國陣營，成為殖民地軍隊的指揮官。他成為戰爭英雄，曾擔任議員，後被選為獨立戰爭的總司令官。

©PPS通信社

在獨立宣言書上簽名
《美國獨立宣言》上寫滿關於基本人權、革命權、自由權、人類追求幸福的權利等內容，起草者湯瑪斯·傑佛遜也成為美國第三任總統。

奴隸貿易留下的負面遺產

在經歷歐洲各國為尋求財富而前往海外的大航海時代後，
約自西元16世紀開始，奴隸貿易就以非洲大陸為舞臺大為盛行。
各國在非洲大陸進行以武器、雜物等交換黑人奴隸，運往美洲大陸販賣，
再將砂糖、咖啡和棉花等商品帶回國的「三角貿易」，獲得巨額利益。
接下來介紹的世界遺產，就是與奴隸貿易有關的負面遺產。

格雷島

資訊	■ 遺產名稱：格雷島
	■ 所在國家：塞內加爾
	■ 登錄年分：1978年
	■ 主要相關人物：無

©Faberfoto-it／Shutterstock.com

象徵從奴隸制度中解放的雕像

　　位於非洲西部塞內加爾共和國內的格雷島，是代表奴隸貿易歷史的島嶼。自西元1444年葡萄牙人登陸這座島以來，此地便成為非洲內陸奴隸與黃金聚集的交易據點。後來荷蘭、英國、法國覬覦這座島，不斷競爭，從西元1783年到20世紀塞內加爾獨立為止，此地一直由法國統治。

　　奴隸貿易持續到西元1815年法國廢除為止，現在島嶼東岸依然留有「格雷島奴隸城堡」。一樓為四周2.6公尺大小的狹窄房間，用來綑綁約二十名奴隸，二樓則是奴隸商人的住處。

　　島嶼北方留下法國人建造的埃斯特雷要塞，南方則有堡壘和炮臺等過去進行過激烈戰爭的遺蹟。

　　為了讓這段提醒世人省思的歷史流傳於後世，「格雷島奴隸城堡」與埃斯特雷要塞都成為博物館，登錄為「負面遺產」。

格雷島奴隸城堡
許多奴隸收容於此，在等待前往美洲大陸的船隻出港前，他們擠在小房間內，被鎖鍊綁住。

©livcool／Shutterstock.com

詹姆斯島

■遺產名稱：詹姆斯島及其相關遺址
■所在國家：甘比亞
■登錄年分：2003年
■主要相關人物：無

資訊

詹姆斯島（現名為「昆塔‧肯特島」）位於非洲西部甘比亞‧伊斯蘭共和國的甘比亞河口，在非洲西岸是與格雷島相當的奴隸貿易一大據點。

甘比亞河是通往非洲內陸地區的路徑之一，地位相當重要，因此歐洲各國在西元15～20世紀期間，於此地建造要塞與奴隸收容所等設施。

現在，島上還留有當時的要塞遺址與葡萄牙人建造的建築物廢墟、禮拜堂等。

西元1977年，電視劇《根》上映，這部改編自美國作家哈利撰寫的黑人奴隸故事引發話題，主角昆塔‧肯特為作者哈利的祖先，是從島上被帶來美洲大陸的黑人奴隸，因此詹姆斯島在西元2011年時更名為「昆塔‧肯特島」。

©PPS通信社

詹姆斯島上的要塞遺址與炮臺
很長一段期間，這座島都是歐洲各國爭奪的舞臺。

©PPS通信社

黑人奴隸的收容所

莫恩山

資訊

■ 遺產名稱：莫恩山文化景觀
■ 所在國家：模里西斯
■ 登錄年分：2008年
■ 主要相關人物：無

　　非洲大陸東海上的模里西斯島西南部有座半島，名為「莫恩山」的岩山就坐落在半島上，該座山中保存了過去與奴隸貿易有關的不祥歷史。

　　西元1505年葡萄牙人抵達時，該島還是一座無人島，西元1598～1710年間由荷蘭占領。西元1715年法國占領此地，將非洲人當成奴隸，命令他們進行種植紅甘蔗的工作。西元1814年此地成為英國殖民地，連印度人和其他亞洲人都被當成奴隸與契約勞工，被迫坐船而來。

　　西元18～19世紀，部分奴隸搭船逃走，逃到莫恩山山頂和洞穴裡隱密地生活。莫恩山周圍有非常深邃的森林，地形險峻，是與世隔絕的環境。

　　由於許多逃奴居住於此，故模里西斯又稱為「逃奴共和國」。

　　從這些居住遺址中，可以推測出逃奴的出身地為非洲本土、馬達加斯加、印度和東南亞等地。

　　即使到了現在，莫恩山依然可以看見逃奴生活的遺址，這也象徵了奴隸渴望自由。

©Sapsiwai／Shutterstock.com

從上空觀看莫恩山
不僅僅是非洲人，連印度人和其他亞洲人也成為奴隸貿易的對象。

石頭城

資訊

■ 遺產名稱：桑吉巴島石頭城
■ 所在國家：坦尚尼亞
■ 登錄年分：2000年
■ 主要相關人物：無

桑吉巴島位於非洲東部的坦尚尼亞聯合共和國以東，為印度洋上的島嶼之一。此地自古以來便發展出非洲東部沿岸地區的獨特文化，稱為「斯瓦希里文明」。

西元1499年，瓦斯科·達伽馬（⇨p.152）造訪此座島嶼，大航海時代因而廣受葡萄牙的影響。後來，此地也曾被阿曼、英國等國家統治。

石頭城為坦尚尼亞城市桑吉巴市的舊城，城中可以看見用珊瑚礁石灰岩建造的清真寺等各種石造建築物。

此外，桑吉巴島也是非洲東部其中一個奴隸貿易據點，留下與奴隸貿易有關的遺蹟。

©BarryTuck／Shutterstock.com

石頭城的奴隸像

其他負面遺產──澳大利亞監獄遺址

歐洲的殖民地政策背後，帶有根深蒂固的種族歧視，他們將原住民視為不文明的「野蠻人」，強制排除。

西元18～19世紀，英國將被本國宣告處以流放至殖民地之刑的人們送到澳大利亞，關進收容所，強迫他們勞動。在八十年間，包括小孩在內，據說共有十七萬名囚犯被送到澳大利亞。

當時澳大利亞的原住民便遭受迫害，被驅離居住地。

這些收容所遺址於西元2010年登錄在世界遺產中。在英國人主導的囚犯流放刑罰與原住民強制移居雙重意義上，都是「負面遺產」。

費里曼圖監獄
西元19世紀由囚犯親自建造的監獄，是強制囚犯勞動的地方。

©HitManSnr／Shutterstock.com

法國大革命之後，社會在激進共和派的恐怖政治下陷入混亂，尋求穩定的呼聲高漲，以軍人身分發動政變的拿破崙成為皇帝。而因為法國大革命與拿破崙體制所產生的自由、平等理念，便在法國與歐洲列強的戰爭中傳播各地。但歐洲列強打壓國內的自由主義與民族主義，以擴大海外領土為目標，強化帝國主義的統治。

楓丹白露宮

法國　　P.214

美泉宮

奧地利　P.216

頤和園

中國　　P.226

德里紅堡

印度　　P.224

托普卡匹皇宮

土耳其　P.222

卡里尼亞諾宮殿

義大利　P.218

順化市

越南　　P.228

1772年	普魯士、俄羅斯、奧地利分割波蘭，經過西元1793年與1795年的分割，波蘭消失。
1804年	拿破崙登基成為皇帝（第一帝政）。
1814年	為了處理法國大革命與拿破崙戰爭的戰後問題，召開維也納會議（～西元1815年）。
1819年	英國進軍馬來半島，西元1826年，在馬六甲、檳島、新加坡建立海峽殖民地。
1840年	鴉片走私貿易造成問題，英國與中國清朝爆發鴉片戰爭，西元1842年中國被迫簽訂《南京條約》。
1858年	蒙兀兒帝國滅亡，英國直接統治印度。
1861年	除了東北方，薩丁尼亞王國統一義大利，建立義大利王國。
1867年	法國入侵越南，將越南納為保護國，西元1887年，成立由越南和柬埔寨組成的法屬印度支那聯邦。
1871年	普魯士國王威廉一世在普奧戰爭、普法戰爭中獲勝，建立德意志帝國。
1880年代～	歐洲列強分割非洲大陸，將其變為殖民地。

©Mshch／Dreamstime.com

富岡製絲廠

日本　　　　P.230

明治工業遺址

日本　　　　P.231

自由女神像

美國　　　　P.220

©motive56／Shutterstock.com

象徵拿破崙的榮耀

楓丹白露宮

©PlusONE／Shutterstock.com

楓丹白露宮
弗朗索瓦一世所建造的宮殿，後來拿破崙進行馬蹄形階梯等改裝工程。

●拿破崙帝國誕生

西元1789年，法國人民對君主專制發動反抗，擴大成為法國大革命。軍人拿破崙・波拿巴便在革命後嶄露頭角。他透過西元1799年的政變掌握政治實權，五年後以拿破崙一世之名坐上法國皇帝的寶座。

為了對抗拿破崙的第一帝國，西元1805年，以英國為首的歐洲各國組成第三次反法同盟，與法國、西班牙聯合艦隊展開特拉法加海戰；在陸地上，拿破崙軍則與俄羅斯、奧地利聯軍進行奧斯特里茲三皇會戰。和法國有關的戰爭持續延燒，史稱「拿破崙戰爭」。

戰勝俄羅斯、奧地利聯軍的拿破崙在歐洲各地擴大戰線，不斷得勝。結果，他建立了將西班牙王國、荷蘭王國、華沙公國、義大利王國、那不勒斯王國等納入統治的「拿破崙帝國」。

■ 遺產名稱：楓丹白露宮與其庭園
■ 所在國家：法國
■ 登錄年分：1981年
■ 主要相關人物：弗朗索瓦一世、
　拿破崙・波拿巴

資訊

●於三百年後改裝的宮殿

　　法國大革命爆發之際，宮殿遭到破壞，部分高價日用品被拿走，西元16世紀國王弗朗索瓦一世所建造的楓丹白露宮，便在革命後變得殘破不堪。

　　拿破崙一世修復、改裝楓丹白露宮，因為這個宮殿象徵著他的權力，但西元1814年他被趕出宮殿，流放至地中海的厄爾巴島＊。當時，拿破崙在中庭與護衛自己和宮殿的近衛兵道別，所以宮殿中庭又稱為「別離的中庭」。

楓丹白露宮內部的禮拜堂
©photogolfer／Shutterstock.com

＊ 拿破崙一世遠征俄羅斯失敗，俄羅斯、
　普魯士、奧地利聯軍占領巴黎，他遭法
　國廢黜帝位，被流放至厄爾巴島。

©PPS通信社

宮殿內的「弗朗索瓦一世畫廊」
用溼壁畫和雕刻裝飾，打造出文藝
復興建築風格的楓丹白露宮。

約18～19世紀

拿破崙與帝國主義的擴大

維也納會議的舞臺

美泉宮

資訊

■ 遺產名稱：美泉宮與其庭園
■ 所在國家：奧地利
■ 登錄年分：1996年
■ 主要相關人物：瑪麗亞・特蕾莎

● 整體藝術作品的代表

西元15世紀以來，哈布斯堡家族幾乎掌握所有神聖羅馬帝國皇帝之位，西元16世紀的查理五世還兼任西班牙國王，握有歐洲、非洲、亞洲、美洲各大陸的領土，相當繁榮。可是到了西元1556年，家族分裂成西班牙語系與奧地利語系。

西元1740年，哈布斯堡家族的瑪麗亞・特蕾莎成為奧地利大公與匈牙利女王，將奧地利首都維也納的離宮改裝成美泉宮，作為自己的居所。

其巴洛克式風格的建築外觀，採用統一的黃色色調，稱為「特蕾莎黃」，內部以優美的洛可可式風格裝飾，房間總數高達一千四百間以上，以花壇為中心的廣闊庭園裡，還有世界上最古老的動物園和玻璃建築的植物園。

美泉宮之所以擁有「總體藝術作品代表」的美稱，是因為華麗的宮殿建築與多采多姿的庭園展現出美妙的整體感。

● 維也納會議

為了處理法國大革命與拿破崙戰爭後*歐洲領土分割的問題，西

©Emi Cristea／Shutterstock.com

美泉宮
拿破崙占領維也納時，司令部位於此處。

元1814～1815年在此地召開了維也納會議。

奧地利、俄羅斯、普魯士、英國等十一個國家簽訂了《維也納議定書》，建立稱為「維也納體制」的國際秩序。各國間的勢力相互牽制，狀態回到法國大革命之前，但後來各國因為民族起義與社會運動產生動搖，進而崩解。西元1853年，俄羅斯與鄂圖曼帝國及支持該國的英法等國爆發衝突，克里米亞戰爭就此展開。

©volkova natalia／Shutterstock.com

普奧戰爭的戰勝紀念堂──凱旋門
西元1757年，瑪麗亞‧特蕾莎的奧地利軍戰勝普魯士軍，為了紀念，在後方的皇家花園廣場內建造了戰勝紀念堂，聳立於美泉宮對面的山丘上。

克里米亞的天使

©PPS通信社

西元1853年，俄羅斯企圖進攻衰退的鄂圖曼帝國，英國和法國遂對俄宣戰。此次戰爭中，南丁格爾以英國護理師身分前往戰地醫院。

南丁格爾在戰地醫院工作兩年，改善醫院的看護體制，拯救許多士兵，她為人奉獻的身影被人稱為「克里米亞的天使」。戰爭在西元1856年以俄羅斯敗北畫下句點，回國後的南丁格爾則於倫敦設立護士學校。

南丁格爾

＊ 拿破崙一世因萊比錫戰役敗北，被流放至地中海的厄爾巴島，但他不久後逃出，重拾皇帝之位，卻在西元1815年6月的滑鐵盧戰役中被擊敗，再次被流放至南大西洋的聖赫倫那島。

義大利統一後的議場

卡里尼亞諾宮殿

資訊

■ 遺產名稱：薩伏依皇家建築
■ 所在國家：義大利
■ 登錄年分：1997年
■ 主要相關人物：維托里奧・伊曼紐二世

©Claudio Divizia／Shutterstock.com

卡里尼亞諾宮殿的西側正面

● 義大利統一運動

　　位於羅馬帝國中心地區的義大利，中世紀之後分裂成威尼斯共和國、熱那亞共和國、那不勒斯王國等小國，相互角逐勢力。西元1848年，受到法國二月革命的影響，歐洲各地發起國民革命運動，義大利統一運動也漸趨活絡。

　　西元1859年，義大利西北部薩伏依家族的薩丁尼亞王國與法國聯手，對奧地利發起戰爭，成為義大利統一運動的核心。薩伏依家族進一步占領中義大利，並獲得加里波底征服的南義大利與西西里島。

西元1861年，薩伏依家族的維托里奧‧伊曼紐二世建立義大利王國，他在西元1870年納入威尼斯與教宗國，統一義大利半島，只剩義大利東北部的南提洛省與第里雅斯特等部分本土地區並未統一，因此被稱為「未收復的義大利」。

●在宮殿召開的首次議會

約西元16世紀中葉，義大利的杜林地區為薩伏依公國首都，興建了許多建築物，為了彰顯薩伏依家族的統治能力，當時的頂級建築師與藝術家集結於此，打造巴洛克式建築風格的街景。

主要建築物包括皇宮（約西元1660年完工）、夫人宮（約西元15世紀增建）、卡里尼亞諾宮殿及瓦倫蒂諾城堡（西元17世紀建造）等。

維托里奧‧伊曼紐二世將位於杜林的薩伏依皇家建築——卡里尼亞諾宮殿設為義大利統一後的議場。

卡里尼亞諾宮殿內部
維托里奧‧伊曼紐二世的寢室。現今宮殿為博物館，展示義大利統一時期的相關資料。　　　　　©PPS通信社

拿破崙與帝國主義的擴大

美國的自由與獨立象徵

自由女神像

資訊

- ■遺產名稱：自由女神像
- ■所在國家：美國
- ■登錄年分：1984年
- ■主要相關人物：無

●英法的殖民地爭奪戰

美國的建國精神之一就是「自由」，與其為移民者建立的國家有著極大關係。

自西元1607年英國建立第一個維吉尼亞殖民地開始，到西元1763年英法北美戰爭終結為止的一百六十多年間，北美大陸都是英國與法國的殖民地爭奪戰場。

最終北美大陸多半地區為英國占領，但英國控管美洲殖民地的貿易與產業，課徵重稅，導致移居美洲殖民地的人民高舉「自由」的旗幟，宣布脫離英國獨立（⇨p.206）。

●因奴隸制度造成南北分裂

自英國殖民時期開始，美洲便存在著奴隸制度。美國獨立後，反對奴隸制度擴張的林肯就任第十六任總統，導致南部七州（之後再加入四州）脫離合眾國獨立，組成美利堅聯盟國。西元1861～1865年，北部的聯邦政府與南部的美利堅聯盟國爆發「南北戰爭」。

聳立於紐約港內自由島的自由女神像
巨大的雕像高度約46公尺、重量225噸，內部構造以鋼鐵製成骨架。巴黎艾菲爾鐵塔的設計者居斯塔夫・艾菲爾在雕像構造上下了一番工夫。

這場戰爭由聯邦政府獲勝，美國恢復統一，憲法修正後，廢除了奴隸制度。

●照亮世界的自由

為了紀念美國獨立一百周年，支援獨立戰爭的法國贈予美國名為「照亮世界」的自由女神像，該雕像於西元1884年在法國進行募款運動下所打造。

由於建造雕像基座的資金不足，法國完成雕像後兩年，美國透過普立茲＊在報紙上發起募款運動，順利解決資金問題，紐約的自由女神像才正式落成。

包含基座，自由女神像的高度約93公尺，從地面上看不到她的左腳，但她腳下踩著象徵奴隸制度與專制統治的「鎖」。

手握獨立宣言書與火炬的自由女神像
左手的獨立宣言書上寫著「1776年7月4日」，即美國獨立紀念日，右手高舉的火炬象徵「希望」。

＊ 因經營報社與身為聯邦眾議院議員而活躍。以他之名成立的「普立茲獎」為報業相關獎項，擁有世界級的權威。

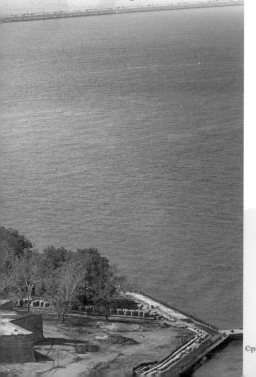

約18～19世紀

拿破崙與帝國主義的擴大

鄂圖曼帝國的政治中樞

托普卡匹皇宮

資訊

■ 遺產名稱：伊斯坦堡歷史地區
■ 所在國家：土耳其
■ 登錄年分：1985年
■ 主要相關人物：穆罕默德二世、穆罕默德六世

● 俄羅斯與鄂圖曼帝國的對立

西元16世紀，鄂圖曼帝國的疆域廣達西亞、東歐及北非等地，帝國之所以能成功擴張勢力，除了擁有優秀的行政機關之外，還仰賴不同文化與宗教共存的統治形態。但是領土擴張的同時，也經常引起和他國之間的戰爭。

西元18～19世紀，鄂圖曼帝國與俄羅斯帝國之間反覆爆發戰爭，尤以英國與法國出手援助的克里米亞戰爭最為嚴重。鄂圖曼帝國在這場戰爭中獲勝，卻於西元1877～1878年的俄土戰爭中大敗，失去巴爾幹半島的大部分領土。

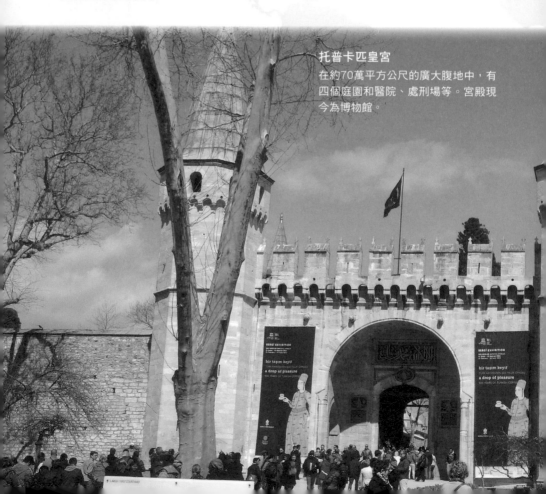

托普卡匹皇宮
在約70萬平方公尺的廣大腹地中，有四個庭園和醫院、處刑場等。宮殿現今為博物館。

托普卡匹皇宮的後宮
© Ozgur Guvenc, Shutterstock.com

●延續六百年以上的鄂圖曼帝國

托普卡匹皇宮由推翻拜占庭帝國，並將其首都君士坦丁堡改為新首都伊斯坦堡的第七代蘇丹穆罕默德二世所建造，於西元15世紀後半完工。

後來歷代蘇丹皆曾進行改裝，直到西元19世紀中葉宮廷遷移至西洋式風格的多爾瑪巴赫切宮為止，此地一直是政治中心。

西元1922年，在第一次世界大戰中戰敗的鄂圖曼帝國第三十六代蘇丹穆罕默德六世退位，延續六百年以上的歷史終於落幕。

印度民族起義的中心地

德里紅堡

資訊

■ 遺產名稱：紅堡建築群
■ 所在國家：印度
■ 登錄年分：2007年
■ 主要相關人物：沙迦罕、巴哈杜爾・沙二世

德里紅堡的拉合爾門

城牆由紅砂岩建造，故稱為「紅堡」。

©f9photos Shutterstock.com

●蒙兀兒帝國興亡的遺蹟

西元18世紀初，帖木兒子孫巴卑爾建立伊斯蘭王朝蒙兀兒帝國，統治除了南部以外的整個印度。（⇨p.186）

約西元17世紀中葉，第五代皇帝沙迦罕將首都從亞格拉遷移至德里（現今舊德里），並建造了一座新的居城，也就是「紅堡」。

紅堡的特徵，是企圖在地上重現伊斯蘭經典《古蘭經》中所描繪的「樂園」。自西元1639年開始，歷時九年才完成豪華的皇宮與庭園，象徵了蒙兀兒帝國的繁榮。

然而，在繼承沙迦罕的第六代皇帝奧朗則布過世後，各方勢力掌握力量相互戰爭，導致蒙兀兒帝國的國力急速衰退。

●印度民族起義

　　最終使蒙兀兒帝國滅亡的，是西元19世紀後半將印度納為殖民地的英國。西元1757年，英屬東印度公司在普拉西戰役*¹中擊敗孟加拉王公和法國的聯合軍隊之後，逐步強化對印度的統治權。

　　英國藉由殖民地貿易窗口「英屬東印度公司」來統治印度，對此感到不滿的印度傭兵（俗稱「印度土兵*²」），於西元1857年發起叛變，最後演變成遍及印度全境的「印度民族起義」（又稱為「印度大叛亂」）。

　　這場印度民族起義中，德里紅堡成為叛軍的據點。沒有實權、只有名譽的第十七代皇帝巴哈杜爾·沙二世就位於此地，被推舉成為叛軍最高領導人。

　　隨著德里淪陷，英屬東印度公司將巴哈杜爾·沙二世流放至緬甸。帝國滅亡後，英國追究發生叛亂的責任，解散東印度公司，直接統治印度，在西元1887年以英國維多利亞女王兼任印度女皇的形式，建立印度帝國。

＊1 蒙兀兒帝國的孟加拉王公以法國軍隊為後盾，在印度東部的普拉西村與英屬東印度公司派遣的軍隊抗戰。孟加拉王公敗北，英國派遣官員實質統治孟加拉地區。
＊2 英國為了統治殖民地所雇用的印度士兵。

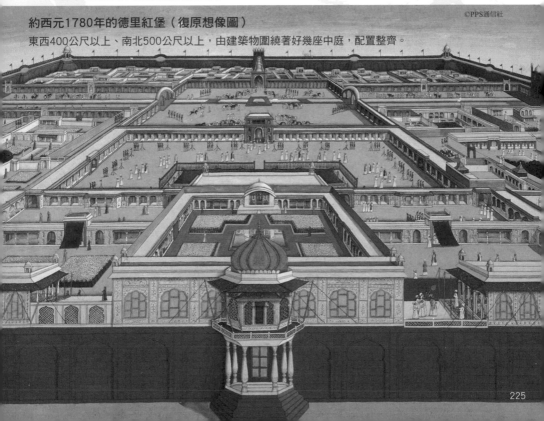

©PPS通信社

約西元1780年的德里紅堡（復原想像圖）
東西400公尺以上、南北500公尺以上，由建築物圍繞著好幾座中庭，配置整齊。

拿破崙與帝國主義的擴大

導致甲午戰爭敗北的園林

頤和園

資訊

■ 遺產名稱：北京皇家園林──頤和園
■ 所在國家：中國
■ 登錄年分：1998年
■ 主要相關人物：乾隆帝、慈禧太后、宣統帝

● 夢想復興清朝的慈禧太后

位於北京市中心地區西北方約15公里的頤和園，是中國僅存規模最大且最後建造的皇家園林。

西元1750年，清朝第六代皇帝，也就是將領土擴張至最大的乾隆帝，建造了頤和園（原名「清漪園」），園中集結天下所有美麗的景色，象徵萬物皆為皇帝所有的中國古老思想。

然而，英法聯軍在亞羅號戰爭（第二次鴉片戰爭）*¹時進攻北京，頤和園遭到破壞。

三十年後的西元1886年，第九代皇帝咸豐帝的側室成為慈禧太后，掌握清朝實權。她著手重建園區，將其作為皇室夏天避暑用的離宮，並改名為頤和園。

慈禧太后夢想著復興清朝，回到乾隆帝時期的模樣，卻沒想到重建園林會導致清朝走向滅亡之路。

● 日本帝國主義抬頭

此時，清朝與日本因朝鮮統治問題加深對立。西元1894年，中日戰爭爆發（～西元1895年），

昆明湖（前）與萬壽山（後）
萬壽山、昆明湖都是人工建造，而昆明湖是以中國東部杭州的風景勝地「西湖」為範本。

©LU JINRONG／Shutterstock.com

擁有廣大領土的清朝卻敗給日本。

兩國簽訂《馬關條約》，清朝承認朝鮮獨立，將遼東半島、臺灣、澎湖群島割讓[*2]給日本，並支付鉅額賠款。清朝失敗的原因之一，即是慈禧太后為了興建頤和園，挪用整頓海軍的預算，導致戰力不足。

西元1904～1905年日俄戰爭爆發，雙方共同簽訂了《樸資茅斯條約》，日本得到韓國的宗主權與中國東北地區的權益等，實施向海外擴張勢力的帝國主義政策。

西元1911年，即慈禧太后過世三年後，中國爆發推翻清朝的革命運動，西元1912年亞洲第一個共和國中華民國成立，孫文擔任臨時大總統；第十二代皇帝宣統帝（溥儀，日後的滿洲國皇帝）退位，清朝滅亡。

頤和園的佛香閣與萬壽山
佛香閣是座高度約40公尺的塔，佇立在被稱為「萬壽山」的人造山上，高度約60公尺。

[*1] 由於英國走私鴉片，遂與清朝在西元1840～1842年間爆發鴉片戰爭，西元1856～1860年的亞羅號戰爭為其延續。
[*2] 意指國家將部分領土讓給其他國家。

©Lukiyanova Natalia／frenta／Shutterstock.com

越南最後的王朝首都

順化市

資訊

■ 遺產名稱：順化歷史建築群
■ 所在國家：越南
■ 登錄年分：1993年
■ 主要相關人物：阮福映

●中國風與西洋風結合的城市

越南中部的順化曾為西元16世紀阮氏建立的廣南國首都；直至西元19～20世紀發展為越南最後王朝阮朝的首都。

位於順化中心地區以南的王宮，是以北京紫禁城（⇨p.162）為範本所建，大小約為其四分之三。阮朝視清朝、法國為宗主國＊，受到的影響皆反映在順化的街景上。

＊ 對其他國家擁有統治權之國。

順化皇城的正門
正門為貴族和皇室專用。順化街由周邊約2.2公里、高度約6公尺的城牆包圍，周圍還有護城河。

●法屬印度支那聯邦

西元19世紀，歐洲列強在東南亞不斷爆發殖民地爭奪戰。

以統一越南為目標的阮福映在法國支援下，於西元1802年建立阮朝。兩年後，清朝認可阮福映為越南國王，他也採用清朝的制度，整頓行政組織。

西元19世紀中葉後，法國欲強行將中南半島納入殖民地。西元1867年，法國軍隊掠奪南部地區，於西元1883年將北越和中越納入統治；西元1884～1885年，法國與清朝為了越南統治權問題爆發中法戰爭，法國獲得勝利；西元1887年，法國成立法屬印度支那聯邦，包括越南和成為保護國的柬埔寨，後來亦併吞寮國。

第二次世界大戰中，法國敗給德國，越南則遭受日本軍隊的攻擊。戰後，法國企圖再度統治越南，但被胡志明建立的越南民主共和國擊退。

促進日本工業革命的遺產

西元18世紀後半，始於英國的工業革命風潮在過了
一個世紀後來到日本。為了擁有不輸給歐美先進國家
的國力，日本明治政府以「富國強兵」、「殖產興業」為口號，
促進工業現代化，並將重心放在製造機械、船隻、鐵路等都不可或缺
的材料「鐵」與能源「煤炭」上。從江戶時代末期到明治時代，
日本各地留下不少促進日本現代化的遺蹟。

富岡製絲廠

資訊

■ 遺產名稱：富岡製絲廠與相關遺址
■ 所在國家：日本
■ 登錄年分：2014年
■ 主要相關人物：保羅・伯內特

西元1867年，日本江戶幕府將政權移交給明治新政府，新政府的領導人從歐美導入現代化不可或缺的社會制度，企圖改造國家。

於是日本派遣留學生至歐美，從歐美招募許多擁有先進技術和知識的專家。法國的絲綢技術人員保羅・伯內特就是其中一人。

新政府委託伯內特建造能夠大量生產日本絲綢的工廠。根據調查結果，他選擇了鄰近東京的養蠶地區，也就是容易確保水源和煤炭的群馬縣富岡市。

西元1872年，日本首間正式的機械製絲廠「富岡製絲廠」開業，除了設備以外，還有女性技術人員的勞動時間、休假等相關規定，勞動環境非常先進，這些成果皆因有伯內特的指導才得以完成。

開業隔年，富岡製絲廠的絲綢在維也納萬國博覽會中獲獎，女性技術人員的高超技術得到證明，日本製品的優良品質也廣為人知。後來，生絲成為日本的主要出口商品之一。

富岡製絲廠的西繭倉庫
用來保管生絲原料「繭」的倉庫。

©C1815／Wikimedia Commons

明治工業遺址

■ 遺產名稱：日本明治工業革命遺址──
　　鋼鐵、造船及煤炭產業
■ 所在國家：日本
■ 登錄年分：2015年
■ 主要相關人物：無

資訊

　　日本明治工業革命遺址包括二十三處，皆與江戶時代末期至明治時代促進工業現代化的鋼鐵、造船、煤炭等先進產業有關，遍布八個縣。

　　約西元19世紀中葉，日本運用各種政策展開現代化，短短五十年間，日本成功實踐非西方國家的首次現代化。

©Wiiii／Wikimedia Commons

韮山反射爐

日本靜岡縣伊豆國市的韮山反射爐是用來製作鐵製大炮的設施。西元1857年興建完成，為日本實際使用過的反射爐中唯一保留至今者。

©Jordy Meow／Wikimedia Commons

端島（上）與高樓公寓遺址（右上）

位於日本長崎縣長崎市的端島因其外形，又被稱為「軍艦島」。這座島上曾居住許多開發煤礦的人們，全盛時期超過五千人。島的面積很小，建有幾棟高樓公寓。

©VKaeru／Wikimedia Commons

俄羅斯革命與世界大戰

　　西元19世紀的歐洲，隨著工業革命發展，勞工低薪、工時長等勞動情況增加，為了解決這些問題，出現了社會主義思想。到了西元19世紀後半，鄂圖曼帝國衰退，巴爾幹半島上民族對立，引爆了第一次世界大戰。由於戰爭蔓延，俄羅斯國民的生活變得困苦，遂發動革命，建立第一個社會主義國家。在第一次世界大戰中戰敗的德國，因巨額賠款與經濟大恐慌等因素導致經濟惡化，國民不滿飆升，引發第二次世界大戰。

©dinosmichail／Shutterstock.com

1821年	希臘對鄂圖曼帝國發起獨立戰爭，英國、俄羅斯、法國支援希臘。
1853年	俄羅斯推動南向政策，侵略鄂圖曼帝國，克里米亞戰爭因此爆發。
1861年	俄國沙皇亞歷山大二世頒布農奴解放令。
1894年	中日甲午戰爭爆發（~西元1895年）。西元1904年，日俄戰爭爆發（~西元1905年）。
1914年	塞拉耶佛事件引發第一次世界大戰（~西元1918年）。
1917年	俄羅斯發生二月革命，羅曼諾夫王朝滅亡。接著，十月革命爆發，西元1922年12月，世界第一個社會主義國家「蘇維埃社會主義共和國聯邦」（蘇聯）建立。
1919年	巴黎和平會議召開。德國因《凡爾賽條約》失去所有殖民地。隔年國際聯盟成立。
1929年	始於美國的經濟危機擴散至全世界，稱為「經濟大恐慌」。
1937年	中日戰爭因「盧溝橋事變」開戰（~西元1945年）。西元1941年太平洋戰爭（~西元1945年）展開。
1939年	德國侵略波蘭，第二次世界大戰爆發。
1945年	雅爾達會議召開。美、英、中發表《波茨坦宣言》。第二次世界大戰正式宣告結束。

哈瓦那舊城

古巴　　　　　P.236

原爆圓頂館

日本　　　　　P.250

©PPS 通信社

比基尼環礁

馬紹爾群島　　P.244

彼得大帝建造「通往歐洲的窗口」

聖彼得堡

●「彼得夏宮」與「冬宮」

位於俄羅斯西部的聖彼得堡，自西元18世紀初約兩百年來，一直是俄羅斯帝國首都，相當繁榮。

聖彼得堡的前身是西元1703年羅曼諾夫王朝彼得一世（彼得大帝）所建造的要塞。彼得一世為了俄羅斯的現代化，前往西歐視察，採納其技術與學問，而其中一個成果，就是建造聖彼得堡。

彼得一世想要避暑，參考巴黎凡爾賽宮，在聖彼得堡中建造離宮「彼得霍夫宮」，又稱為「彼得夏宮」。

西元18世紀後半，以俄國沙皇身分君臨天下的葉卡捷琳娜二世則建造了過冬專用的離宮「冬宮」。葉卡捷琳娜二世在宮殿內設置了一處展示間，專門收集西歐名畫等貴重藝術品。現今冬宮成為「隱士盧博物館」。

西元18世紀後半到19世紀之間，此地興建了許多建築物，發展為雄偉且充滿藝術性的城市。

彼得霍夫宮
彼得一世用來當作「彼得夏宮」。

資訊	■ 遺產名稱：聖彼得堡歷史中心與其相關建築群
	■ 所在國家：俄羅斯
	■ 登錄年分：1990年
	■ 主要相關人物：彼得一世（彼得大帝）、葉卡捷琳娜二世、尼古拉二世

©Brian Kinney／Shutterstock.com

隱士廬博物館
葉卡捷琳娜二世作為「冬宮」使用，內部迴廊重現了梵蒂岡宮殿的迴廊。

●社會主義引發的俄羅斯革命

約西元19世紀末，俄羅斯開始發展工業，但人民勞動條件非常嚴峻，農民的不滿也持續飆升。西元1905年，勞工罷工、農民起義、海軍叛亂爆發，最後皆遭到沙皇尼古拉二世鎮壓。

西元1914年第一次世界大戰開戰，俄羅斯節節敗退，年輕人被迫從軍，勞動力不足，農產品也隨之減少。西元1917年，民眾在彼得格勒（當時的聖彼得堡）抗議，要求麵包與和平，不久後勞工、士兵代表便組成評議會「蘇維埃」。

蘇維埃成為國家中心，推行社會主義革命，迫使沙皇尼古拉二世退位，擁有三百年歷史的羅曼諾夫王朝因此滅亡。

在大國之間動盪不安的古巴中心地

哈瓦那舊城

■ 遺產名稱：哈瓦那舊城與其防禦
工事
■ 所在國家：古巴
■ 登錄年分：1982年
■ 主要相關人物：迪亞哥・貝拉斯克斯
・德・奎利亞爾、卡斯楚、格瓦拉

©Nadezda Stoyanova／Shutterstock.com

聳立於舊城的國會大廈
（舊國會議場）

● 曾為貿易要地的殖民城市

西印度群島島國古巴首都哈瓦那，是由西元16世紀初的西班牙征服者貝拉斯克斯所建造，之後發展為連接西班牙與美洲大陸的貿易中繼站。此外，由於西印度群島的砂糖和菸田需要許多勞力，不少黑人被當成奴隸，從非洲帶來此處。

不僅歐洲列強覬覦，因貿易而富饒的哈瓦那亦是海盜的目標，於是西班牙將哈瓦那作為要塞城市，建設防禦工事，面向哈瓦那灣的哈瓦那舊城中，至今依然保留著西元16世紀後半建造的遺蹟，如最古老的要塞「皇家軍隊城堡」。

哈瓦那舊城的全盛時期為西元18～19世紀，除了巴洛克式風格的「哈瓦那大教堂」、「哈瓦那劇場」之外，當地還留有以美國國會大廈為範本的舊國會議場「國會大廈」、舊總統府「革命博物館」等遺址。

古巴引發的世界危機

古巴新城的革命廣場
為紀念古巴革命的廣場，牆面上畫有英雄
格瓦拉的臉。

西元1950年代，卡斯楚、格瓦拉等人的革命組織，推翻獨裁者巴蒂斯塔總統的親美政權。這場古巴革命（西元1959年）使古巴成為社會主義國家，向與美國處於冷戰狀態的蘇聯靠攏。

西元1962年10月，蘇聯在古巴設置飛彈基地，美蘇兩國陷入引發核戰的危機，最後雖避免了戰事，但全世界開始思考進行軍備縮減的談判。

西元1961年，古巴與美國斷交，兩國相隔五十四年後，於西元2015年7月恢復邦交。

●古巴戰爭

西元1868年，古巴展開第一次脫離西班牙的獨立戰爭（十年戰爭），西元1895年則是第二次獨立戰爭。由於美國介入，西元1898年，美國和西班牙之間也爆發美西戰爭。

戰爭持續約四個月，最後由美國獲勝，古巴的獨立在《巴黎條約》下獲得認可，西元1902年古巴共和國成立。此外，西班牙在加勒比海與太平洋的殖民地被美國奪走，此時的美國擁有菲律賓、關島、波多黎各，成為海外也有殖民地的國家。

保留在哈瓦那灣的炮臺

納粹德國大屠殺的遺址

奧斯威辛集中營

●第二次世界大戰的開端

西元1939年9月，德國入侵波蘭，引發第二次世界大戰。德國、日本、義大利組成軸心國，與英國、法國、美國、中國（中華民國）、蘇聯等組成的同盟國，展開歷時約六年的世界大戰。

西元1914～1918年的第一次世界大戰中，德國為戰敗國，殖民地和權益都被剝奪，遭到割讓領土、限制軍備等制裁。奧地利出身的德國軍人希特勒，以恢復國土及擴大德意志民族的「生存圈」為目標，率領了「國家社會主義德國工人黨」，俗稱「納粹黨」。他在西元1933年的選舉中被選為德國總理，隔年透過公民投票成為元首，兼任總理。希特勒限制人權與自由，嚴厲統治國家的一切。

●希特勒的反猶主義

西元1935年，希特勒重整軍隊；西元1938年併吞奧地利。隔年南斯拉夫解體，他遂進攻波蘭，並於西元1940年在波蘭南部的奧斯威辛建造集中營，強制猶太人勞

奧斯威辛第二集中營（比克瑙）的入口「死亡之門」
從各地抓來的猶太人被強制送上車，通過這道門。幾乎沒有猶太人能活著從這道門出去。

資訊

動，進行屠殺。希特勒對羅姆人
（吉普賽人）、同性戀和身障者等
抱有強烈偏見，並提倡反猶主義，
把造成各種問題的原因都推到猶太
人身上，屠殺所有被他認為不適合
生存的人類。

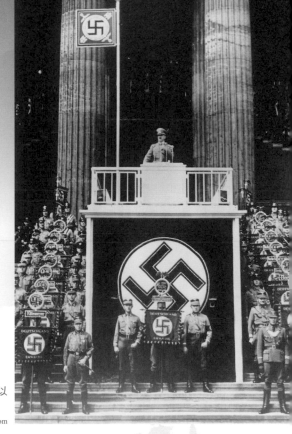

演講中的希特勒

希特勒煽動人心的方法，就是透過演講。他以
獨特口吻與豐富肢體動作，抓住聽眾的心。

©Everett Historical／Shutterstock.com

被迫搭乘列車送往集中營的猶太人

猶太人被迫搭乘列車，送往歐洲各地的集中營，許多人慘遭虐殺。

包圍著集中營的有刺鐵絲網（左）與被強制收容的猶太人（右）

奧斯威辛集中營的周圍設有高度約4公尺的雙重有刺鐵絲網，且有高壓電流流通，只要碰到就會觸電死亡。

●猶太人大屠殺政策

　　納粹德國在第二次世界大戰時大肆屠殺猶太人，被稱為「猶太人大屠殺＊」，根據估計，超過六百萬名猶太人因此犧牲。

奧斯威辛留下的鞋子

抵達集中營的猶太人會被沒收所有物品，留下堆積如山的鞋子。

©S-F／Shutterstock.com

　　許多猶太人在奧斯威辛第一集中營與附近的第二集中營（比克瑙）慘遭殺害。

　　由於囚犯（大部分為無辜的猶太人）接二連三被送到此地，比克瑙集中營建造得非常倉促，大樓裡不僅沒有地板，床也只用腐爛的稻草鋪成三層上下鋪，每一層皆擠了好幾個人。

＊ 原本意指猶太教裡的燔祭宗教儀式，在祭壇上大量焚燒牲禮，獻給上帝。後指納粹德國施行歧視猶太人的種族滅絕政策。

●成為負面遺產的奧斯威辛

西元1943年，義大利向同盟國投降；西元1945年4月，確定戰敗的希特勒自殺，納粹德國瓦解。在蘇聯軍隊的策略下，位於波蘭的德國軍隊慌忙撤退，集中營因而保留下來，不久全世界都知道當時的情景。

同年5月，德國向同盟國投降，日本則於8月投降，第二次世界大戰才正式結束。

現今集中營遺址內保留了建築物、焚化廠、毒氣室及犧牲者的遺留物等，為了不讓悲劇再度發生，西元1979年這兩座集中營和滅絕營被登錄在世界遺產名錄中，成為「負面遺產」。

©xpixel／Shutterstock.com

毒氣室（上）與焚化廠（右）
被強迫裸體的人們在進入毒氣室後，房間內就會釋放毒氣瓦斯，將他們殺害。納粹德國告訴他們這是「洗澡間」，讓他們鬆懈下來。在毒氣室死亡的人們遺體則被搬運至焚化廠，加以燒毀。

第二次世界大戰末期波茨坦會議的舞臺

塞琪琳霍夫宮

塞琪琳霍夫宮
以英國莊園領主的宅邸為模型，
設計樸實。

©Anton_Ivanov／Shutterstock.com

●商討戰後問題的波茨坦會議

西元1945年5月，德國在第二次世界大戰中投降後，美國、英國、蘇聯三國首腦在柏林郊外的波茨坦召開會議，商討德國戰後處理、日本投降條件等問題。

會議在西元1945年7月17日至8月2日之間舉行，會中決定美國、英國、法國、蘇聯四國得以分割和占領戰敗國德國的領土，解除德國

國防軍隊的武裝、審判納粹德國的戰犯等。

此外，會議進行中的7月26日，美國、英國、中國、蘇聯也共同發表了《波茨坦宣言*》，欲讓依然持續作戰的日本無條件投降。

●壯麗的普魯士國王宮殿

成為會議場所的「塞琪琳霍夫宮」（或譯「西施林宮」），是西

＊ 共有十三條，以美國總統、英國首相、中華民國主席（未參加會議）的名義發表，當初與日本處於中立關係的蘇聯後來才加入。

資訊	■ 遺產名稱：波茨坦和柏林的宮殿 與庭園
	■ 所在國家：德國
	■ 登錄年分：1990年
	■ 主要相關人物：腓特烈二世、杜 魯門、史達林、艾德禮

©PPS通信社

無憂宮（下）及其內部（右上）
腓特烈二世在此與學者和藝術家們交流。
©Anton_Ivanov／Shutterstock.com

元20世紀初為了普魯士王國（日後的德意志帝國）的太子所建造，而身為德意志帝國核心存在的普魯士王國在西元1701年成立，但其歷史可以追溯到約西元13世紀。

柏林與波茨坦留下許多西元1730～1916年間普魯士國王建造的宮殿和庭園，其中第三代國王腓特烈二世於西元18世紀在波茨坦建造的「無憂宮」便相當知名。

腓特烈二世藉由優秀的軍事才能與合理的統治方式使王國強大，在學問、藝術方面也嶄露頭角，堪稱「啟蒙專制君主」的典範。無憂宮內部可以看見豪華的裝飾，為德國洛可可式風格建築的代表。

參與波茨坦會議的三國首腦
左起為英國首相艾德禮、美國總統杜魯門、蘇聯領導人史達林。指揮第二次世界大戰的英國邱吉爾在選舉中敗北，美國總統羅斯福也因病過世。
©PPS通信社

美國核爆試驗進行地

比基尼環礁

資訊

- ■遺產名稱：比基尼環礁核試驗場
- ■所在國家：馬紹爾群島
- ■登錄年分：2010年
- ■主要相關人物：無

●「核時代」的開端

美國首次進行核子試爆的地點，位於西南部新墨西哥州阿拉莫戈多荒野的核爆試驗場。西元1945年7月16日，鈽原子彈試爆時，地上出現了巨大的火球。同年8月9日在日本長崎投下的原子彈，就屬於鈽原子彈。

由於這是人類首次核爆試驗成功，美國瞬間成為世界最強的軍事大國。與此同時，具有毀滅人類之力的「核時代」也來臨了。

第二次世界大戰後的西元1946～1958年間，美國的核爆試驗場就在靠近太平洋正中央位置的馬紹爾群島的比基尼環礁。

這些由珊瑚礁隆起所形成的島嶼，為美國的託管地*，當時居住在比基尼環礁上的人們為了配合試驗，被強制移居到其他島嶼上。

●爭相開發核武招致東西冷戰

在比基尼環礁上進行的六十七次核爆試驗，相加起來遠比投在廣

核爆試驗產生的蕈狀雲
西元1946年7月25日於比基尼環礁上進行核爆試驗的情景。史上第一次的水中核爆試驗產生了巨大蕈狀雲，周邊島嶼也被放射性物質汙染。

整理行囊、搭船離開的比基尼環礁居民
為了進行核爆試驗，他們被迫移居至遠離家鄉的朗格里克環礁等地區。

©moodboard／123RF

因核爆試驗沉到海底的戰艦殘骸
為了測試核彈威力，第二次世界大戰時使用的戰艦等被當成標靶。即使到了現在，這些殘骸依然留在海底。

島的原子彈（⇨p.250）威力還要強大，對環礁的地質、自然環境、生態系都帶來強烈影響。由於還有放射性物質存在，居民至今依然無法回去。西元1954年3月，該地進行了擁有一千顆原子彈威力的氫彈試爆實驗，波及日本漁船第五福龍丸以及附近的人們。

第二次世界大戰後，美國帶領

©PPS通信社

資本主義、自由主義的西方各國，與蘇聯帶領社會主義、共產主義的東歐各國持續對立，被稱為「冷戰」。兩大陣營不斷相爭，美蘇競相開發核武。從西元1945年起約半個世紀，全世界共進行超過兩千次的核爆試驗。

西元1987年冷戰結束之際，美蘇針對戰略武器的縮減進行談判，減少手中擁有的核彈頭。儘管如此，俄羅斯依然還有約七千二百九十發核彈頭、美國也有約七千發核彈頭，全世界共有約一萬五千四百發核彈頭（斯德哥爾摩國際和平研究所於西元2016年發表）。

＊接受國際聯盟委託的國家所統治的地區。

南非種族隔離政策歷史的殘留之地

羅本島

資訊

■ 遺產名稱：羅本島
■ 所在國家：南非共和國
■ 登錄年分：1999年
■ 主要相關人物：曼德拉

©Andrea Willmore／Shutterstock.com

從上空觀看的羅本島
約自西元17世紀開始，該地便作為收容犯罪者的設施與軍事訓練場使用。

●闡述種族歧視歷史的島嶼

南非共和國的首都開普敦是非洲少數的大城市，位於其北方11公里的海域上，有著名為羅本島的小島。島嶼周圍的海流相當湍急，別說游泳，連以人力划船也很困難。該島上設置了隔離罪犯的設施，被稱為「監獄島」。

約自西元17世紀中葉開始，荷蘭移民就在現今南非共和國西南方的開普地區（現今開普敦）建設補給基地，並對原住民實施種族歧視的差別待遇。

到了西元19世紀初，英國侵略此地並納為殖民地，荷蘭裔移民的後代波耳人（阿非利卡那人）被迫移居北方。他們在該地發現鑽石和金礦，於西元1899年和英國之間爆發南非戰爭。英國獲勝後，西元1910年，大英帝國內的自治殖民地——南非聯邦就此成立。

西元1948年，南非聯邦開始實施「種族隔離政策」，剝奪非白人的選舉權、指定非白人的居住地、禁止白人與非白人結婚等，欲建立白人優越的社會。

西元1960年，六十九名進行不服從運動的黑人遭殺害，許多運

動領導人也遭到逮捕，包括英國在內，國際間的批評聲浪越來越高，南非聯邦遂脫離大英國協，建立南非共和國，持續打壓黑人。

●南非首位黑人總統誕生

在訴求廢除種族歧視的聲浪與國際壓力之下，白人南非總統釋放了被關在各地監獄內的政治犯，於西元1991年廢除與南非種族隔離

曼德拉

西元1993年，成為南非共和國首位黑人總統前一年，他與廢除南非種族隔離政策有著偌大貢獻的白人總統戴克拉克，一同榮獲諾貝爾和平獎。

曼德拉被監禁的房間

曼德拉於西元1964年被關進羅本島，在島上度過約二十年的牢獄生活。

政策相關的法律。在釋放者中，有一位是因反種族隔離運動而遭判終身監禁的黑人領導人——曼德拉。

西元1994年，南非進行了所有種族平等的總統選舉，曼德拉成為首位黑人總統。

此外，羅本島的監獄在西元1996年關閉，現為博物館。

羅本島的舊監獄

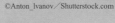

柏林圍牆崩解的契機

奧匈邊境

稍稍打開邊境閘門的匈牙利邊境員警
©dpa／時事通信PHOTO

●歐洲最大的鹹水湖

橫跨奧地利與匈牙利邊境有一片鹹水湖，在匈牙利稱為「費爾特湖」，在奧地利則稱為「新錫德爾湖」。

由於此地為不同文化交會的交通要地，該湖周邊可以看見獨特的文化景觀。在建築方面，能一覽宮廷風與田園風的貴族豪宅；此外，也能看到和自然相容的人類生活型態，如鹽田和製造葡萄酒的葡萄園等。另外，這一帶也是東方白鸛等許多野鳥的造訪地，相當知名。

●與冷戰終結息息相關的野餐

位於此湖附近的匈牙利西部小鎮肖普朗，是柏林圍牆崩塌契機——「泛歐野餐事件」的舞臺。

■遺產名稱：費爾特湖／新錫德爾
　湖的文化景觀
■所在國家：奧地利／匈牙利
■登錄年分：2001年
■主要相關人物：無

　　第二次世界大戰後，德國被分成東西兩邊，當時匈牙利和東德同為社會主義國家，東德人可以前往該國旅行。奧地利將東德人集結至匈牙利與奧地利邊境的肖普朗小鎮，佯裝要野餐，卻計畫讓他們出境奧地利，逃往西德。

　　西元1989年8月19日，這項計畫相當成功，那年夏天之後，大量東德人逃到西德。

　　東德政府對佯裝野餐進行逃亡一事強化規範，但卻決定放寬旅行

來自東德的逃亡者（右）與默認此事的匈牙利邊境員警（左）

許可證的相關規定，以達到「實質上的旅行自由化」，讓人們接受。

　　接著，分隔東西德的柏林圍牆被推倒，東德人蜂擁而至擠到西側，成為東西冷戰終結的第一步。

柏林圍牆倒塌

　　西元1989年11月，象徵東西德分離的「柏林圍牆」被人民推倒。該圍牆由東德政府於西元1961年建造。沒有人因為破壞圍牆遭受處分，政府接受尋求民主化的國民心聲，幾天後東德當局開始進行拆除作業，東德與西德的邊境牆、有刺鐵絲網都被撤除。西元1990年10月，東西德再度統一。

拿鐵鎚敲打柏林
圍牆的人民

原爆圓頂館與核武

西元1945年8月6日上午8點15分，
美國軍隊的轟炸機在廣島市中心投下原子彈，
成為人類史上第一次用於實戰的核武。
大量的熱線、暴風與放射線在當年造成約十四萬人死亡，
距離爆炸中心地區半徑2公里的建築物幾乎全毀。
「原爆圓頂館」成為傳達核武駭人之處的象徵被保存下來。
另一方面，現今世界上依然還保留許多核彈頭。

原爆圓頂館

資訊	■遺產名稱：廣島和平紀念資料館（原爆圓頂館） ■所在國家：日本 ■登錄年分：1996年 ■主要相關人物：杜魯門

©Wikimedia Commons

©kessudap / Shutterstock.com

原爆圓頂館（左）與遭受波及前的廣島縣產業獎勵館（右）
產業獎勵館是西元1915年捷克出身的建築師所設計。在被投下原子彈之前，該建築物為振興廣島縣地區產業的據點，會舉行物產展與各式各樣的活動，是廣島市民的休憩場所。

那一天，美軍B29轟炸機「艾諾拉・蓋」號投下名為「小男孩」的原子彈，在距離廣島產業獎勵館東南方約160公尺、空中約600公尺處爆炸，廣島街道一瞬間遭到破壞。位於爆炸地區附近的產業獎勵館變成廢墟被保留下來，廣島市民根據屋頂部分的鋼骨形狀，命名為「原爆圓頂館」。

此地向世人訴說原子彈的恐怖，是一座「負面遺產」，但也是讓人們以世界和平為目標的紀念

館。

　美國在第二次世界大戰時開發出能造成大量破壞的武器──原子彈，由杜魯門總統下令向日本投擲原子彈。戰後的西元1949年，蘇聯也成功開發出原子彈，美蘇因此對立，「冷戰」持續到西元1980年代，讓全世界一直壟罩在核武的恐怖之中。

投下原子彈後的產業獎勵館
因爆炸衝擊波幾乎都由正上方承受，屋頂和地板幾乎全被破壞，許多牆壁倒塌，中央部分沒有塌陷。

©buzzhiro／Wikimedia Commons

©Aija Lehtonen／Shutterstock.com

原爆受難者慰靈碑
位於廣島和平紀念公園內的慰靈碑，中央石室中放有犧牲者的名冊。

美國總統歐巴馬造訪廣島

　西元2016年5月27日，歐巴馬以美國總統身分首度造訪廣島。他在參觀完廣島和平紀念資料館之後，在廣島和平紀念公園舉辦的儀式上，向原爆受難者慰靈碑獻花並發表演講，訴求「沒有核武的世界」。

　然而，美國部分評論認為，對日本投擲原子彈是為了讓第二次世界大戰早點結束，也拯救了許多士兵，故主張其正當性。今後世界和平與核武之間的關係究竟會如何變化？世人應持續關心此重要議題。

©達志影像

在廣島和平紀念公園演講的美國總統歐巴馬

臺灣世界遺產潛力點

　　為了與國際同步，喚起世人對臺灣自然與人文環境的重視，從西元2002年開始，文化部文化資產局陸續推動申請世界遺產候選地的甄選、整頓與宣傳工作。截至目前為止，共選出十八處極具代表性、具有世界遺產特色，且符合顯著普世價值的世界遺產潛力點，包括：玉山國家公園、金門戰地文化、水金九礦業遺址、阿里山森林鐵路、卑南遺址與都蘭山、烏山頭水庫及嘉南大圳、樂生療養院、淡水紅毛城及其周遭歷史建築群等。期待在國人共同的守護與支持下，美麗之島能以其歷史資產登上國際舞臺。

金門戰地文化
金門　　　P.258
©施宛吟／Wikimedia Commons

淡水紅毛城及其
周遭歷史建築群
新北市　　　P.256
©Wikia1974／
Wikimedia Commons

臺鐵舊山線
苗栗-臺中　　　P.259
©Encino at Chinese Wikipedia.
Wikimedia Commons

澎湖石滬群
澎湖　　　P.255
©Zeze0729／Wikimedia Commons

約前5000年	出現新石器時代文化（～約西元前2000年，代表文化有大坌坑文化、圓山文化、卑南文化）。
元年前後	出現金屬器時代文化（十三行文化、蔦松文化、靜浦文化）。
1281年	元朝在澎湖設置巡檢司。
1544年	葡萄牙人航經臺灣，讚稱臺灣為「福爾摩沙」，葡萄牙語「美麗之島」的意思（年分為推斷）。
1624年	荷蘭人占領臺灣，於「鯤身」（今臺南安平）建「熱蘭遮城」。
1628年	西班牙人占領滬尾（今淡水），建「聖多明哥城」。
1885年	清朝在臺灣建省，劉銘傳為首任巡撫。
1895年	中日簽訂《馬關條約》，割讓臺灣、澎湖群島給日本。
1958年	金門發生八二三炮戰。
1974年	開始實施十大建設。

水金九礦業遺址
新北市　　P.257

©Lenovo-lin／Wikimedia Commons

卑南遺址與都蘭山
臺東　　P.254

©Benson KC Fang／Wikimedia Commons　　©Tony Coolidge／Wikimedia Commons

卑南文化公園

資訊
■ 遺產名稱：卑南遺址與都蘭山
■ 入選說明：臺灣目前規模最大的
史前遺址

卑南遺址位於臺東市，遙望都蘭山，是臺灣新石器時代文化的代表性遺址，也是目前已知的最大史前聚落。

最早的考古紀錄由日本人類學者鳥居龍藏留下，大約西元1896年，他曾在當地拍攝月形石柱的照片。之後日本學者根據卑南族的傳說，推測該地為古代部落。西元1945年經過挖掘，發現許多陶器和住屋遺蹟，而直到西元1980年南迴鐵路卑南新站開工，才揭露大量遺蹟、遺物。歷時九年搶救考古的工作，出土數目龐大的精美玉器、石棺和遺物，令人讚嘆。

現今卑南遺址已被指定為國定遺址，同時設為卑南文化公園，是臺灣第一個考古遺址公園。

月形石柱

日本人類學者鳥居龍藏拍攝的月形石柱照片，是卑南遺址最早的紀錄。

©Torii Ryūzō／Wikimedia Commons

**卑南遺址出土的
人獸形玉玦**

©Pbdragonwang
Wikimedia Commons

卑南文化公園內的
卑南族傳統家屋

©Benson KC Fang／Wikimedia Commons

澎湖石滬群

資訊
■ 遺產名稱：澎湖石滬群
■ 入選說明：臺灣漁業文化的見證

©YangChen(TW)／Wikimedia Commons

吉貝石滬文化館
吉貝石滬文化館澎湖縣白沙鄉的吉貝島有「石滬故鄉」之稱，島上設有「吉貝石滬文化館」。

「石滬」是早期漁船設備不發達的捕魚方式之一，人們會先在海邊以石塊堆疊成圍堤，待漲潮時魚群順著海水進入堤內覓食，退潮時再捕捉被困在堤內的魚類。澎湖石滬最早的記載，出現在西元1696年編纂而成的《臺灣府志》中，可見這項捕魚技術至今已超過三百年。

根據統計，澎湖群島共有90個島嶼，越往北方水深越淺，潮間帶因此較寬廣，石滬的數量也越多。目前全世界的石滬數量約有六百口，而澎湖縣就擁有超過五百口，是全世界石滬密度最高的地方。

建造石滬需要整合許多人力，才能進行滬位選定、石材取得和搬運、施工維修等工作，因此能夠顯示出當地的宗族、村莊或鄰里等關係，是島嶼文化的一大特徵。

澎湖縣的玄武岩自然保留區
當地特有的玄武岩是修建石滬的最佳石材。

©林高志　Wikimedia Commons

©Zeze0729　Wikimedia Commons

澎湖縣七美鄉的雙心石滬

淡水紅毛城

資訊

■ 遺產名稱：淡水紅毛城及其周遭歷史建築群
■ 入選說明：歐洲文化進入臺灣的門戶

西元16世紀中葉，西班牙入侵菲律賓，以馬尼拉作為與墨西哥和中國貿易的中繼據點，並往南方發展，無意占領臺灣。一直到西元1624年荷蘭占領臺灣後，西班牙受到威脅，於是在西元1626年先派艦隊進入基隆港，占領現今和平島，兩年後再占領滬尾（今淡水），建造「聖多明哥城」，與荷蘭人分據臺灣，互相對峙。

西元1856年，英國和法國故意引發亞羅號戰爭（第二次鴉片戰爭），迫使清朝簽訂《天津條約》，開放淡水為通商港口之一，歐洲各國商船因此絡繹不絕。淡水地區目前有三十三處歷史遺蹟，包括海關碼頭、紅毛城、馬偕故居等，呈現出不同殖民時期的外國勢力分布，深受歐洲文化影響。

©Husky221／Wikimedia Commons

紅毛城主堡

原為西班牙人建造的聖多明哥城，遭摧毀後，荷蘭人在原址附近重建，命名為「安東尼堡」。由於當時漢人稱呼荷蘭人為紅毛，因此稱這座城堡為紅毛城。

英國領事官邸

淡水開港後，英國於西元1861年設立領事館。

©Wikia1974／Wikimedia Commons

金瓜石礦山

資訊

■ 遺產名稱：水金九礦業遺址
■ 入選說明：見證臺灣礦業發展史

西元1684年，清朝將臺灣納入管轄，但直到兩百年後中法戰爭爆發，清朝才意識到臺灣的重要性，將臺灣獨立為一個省分，由劉銘傳擔任首任巡撫。

西元1890年，劉銘傳帶領工人建造臺北到基隆間的鐵路時，第一次具體發現金瓜石地區有砂金，之後清朝便設立砂金署，管理金礦開採事宜。西元1894年中日戰爭爆發，清朝戰敗，被迫與日本簽訂《馬關條約》，將臺灣、澎湖群島割讓給日本，這座黃金城因此被日本接管。

水金九礦業遺址以昔日臺灣金屬礦業公司（現為黃金博物館）為中心，範圍含括九份、金瓜石、水湳洞一帶，曾是東亞地區最大的金礦床。

©David Renton／Wikimedia Commons

本山五坑坑道
保留了昔日開採黃金時使用的礦車頭、運礦索道等，訴說金瓜石礦業的百年歷史。

©Koika／Wikimedia Commons

金瓜石神社
又稱「黃金神社」遺址，是日本開採礦山時，為安撫民心所興建的神社。

十三層選礦場
位於新北市瑞芳區金瓜石的「十三層選礦場」遺蹟，曾為金瓜石地區最大的選礦場。
©Lenovo-lin／Wikimedia Commons

金門戰地文化

資訊	■ 遺產名稱：金門戰地文化
	■ 入選說明：完整保存從「熱戰」、「冷戰」到「和平共處」階段的戰地文化

©賴聖文／Wikimedia Commons

翟山坑道
位於金門西南方的翟山坑道，總長約357公尺，歷時三年完工，為因應戰爭所開挖的戰備水道。

古寧頭紀念門
西元1949年爆發的「古寧頭戰役」，是兩岸分治的關鍵之戰。　©施宛吟／Wikimedia Commons

第二次世界大戰結束後，國民黨與共產黨對中國的未來沒有達成共識，在西元1946年展開內戰。西元1949年人民解放軍占領南京，成立中華人民共和國；蔣介石則率眾退守臺灣，統治臺、澎、金馬與部分南海諸島。這期間雙方仍不斷交戰，其中最知名的便是西元1958年爆發的「八二三炮戰」。

從鄭成功「反清復明」的戰役，到蔣介石「反共復國」的抗戰，特殊的地理位置使金門擁有深刻的歷史痕跡，也保留了豐富的聚落生態、戰地遺蹟、自然資源等。西元1995年「金門國家公園」正式成立，成為臺灣首座擁有歷史資產及戰地文化的國家公園。

©Yenping Lee／Wikimedia Commons

山后聚落海珠堂
山后是金門傳統聚落之一，海珠堂為清朝時期建造的鄉塾。傳統閩式建築是金門最豐富的文化資產。

臺鐵舊山線

資訊
■遺產名稱：臺鐵舊山線
■入選說明：臺灣鐵路工程的傑作

臺灣的鐵路發展，最早可以溯源至清朝，西元1890年劉銘傳率工人建造臺北到基隆間的鐵路。後來日治時期延續建設，舊山線從苗栗三義一路通到臺中后里，沿途經過兩個車站、三座鐵橋及八個隧道，全長約15.9公里。

舊山線按山的路線開鑿，因此建造過程必須穿越許多天險，如鑿山洞、在水面上架橋，是縱貫線鐵路最後完工的路段，於西元1908年通車。

舊山線通車後，三義地區的物產隨著市場需求從輸出樟腦、茶樹，變成開採相思樹、油桐等經濟林木，直到西元1970年代之後，高速公路開始興建，鐵路轉以載客為主，這條鐵路才被新路線取代。

泰安車站舊站

位於臺中市后里區的泰安車站舊站，現已無列車通過。

©SElefant / Wikimedia Commons

龍騰斷橋

當年位於泰安到勝興車站之間的魚藤坪溪鐵橋（上），在西元1935年的臺中大地震中被震毀，如今只留下磚造的橋墩，被稱為「魚藤坪斷橋」或「龍騰斷橋」（下）。

©Wikimedia Commons

・若為同個跨頁中出現多次的用語，則標註第一次出現的頁數。

● 按人名的首字筆畫排列

人名
索引